Naturphänomene erleben

Jedem Kind kann auf jeder Entwicklungsstufe jeder Lehrgegenstand in einer intellektuell ehrlichen Form erfolgreich gelehrt werden.

Jerome S. Bruner

Gisela Lück

Naturphänomene erleben

Experimente für Kinder und Erwachsene

Mit Illustrationen von Nikolai Renger

HERDER
FREIBURG · BASEL · WIEN

MIX
Papier aus verantwortungsvollen Quellen
FSC® C014496

Überarbeitete Neuausgabe von „Leichte Experimente
für Eltern und Kinder"

www.herder.de

Umschlaggestaltung: SchwarzwaldMädel, Simonswald
Illustration außen und innen: © Nikolai Renger, Karlsruhe

Satz und Gestaltung: Sabine Ufer, Leipzig

Herstellung: Graspo CZ, Zlín
Printed in the Czech Republic

ISBN 978-3-451-32622-6

Inhalt

Vorwort

Versuche rund um die Luft

Versuche rund um die Kerze

Versuche rund ums Wasser

Versuche rund um Lebensmittel

Vorwort

Wenn es um die naturwissenschaftliche Bildung unserer Kinder geht, hat sich in den letzten Jahren zum Glück einiges positiv verändert: Die meisten Bildungsempfehlungen für den Elementarbereich sehen naturwissenschaftliche Themen in der Kita vor, und auch in der Grundschule steht im naturwissenschaftlichen Sachunterricht das Experiment und seine Deutung auf dem Plan. Und vor allem: Es werden nicht mehr nur biologische Phänomene behandelt, sondern auch chemische und physikalische Themen kommen zum Zug.

Anders als noch vor 20 Jahren wird heute Wert darauf gelegt, dass die Kinder selbst ein Experiment durchführen, ihre Beobachtungs- und Ausdrucksfähigkeit schulen und den Alltagsbezug des naturwissenschaftlichen Hintergrunds erkennen.

Auch außerhalb von Kindergarten und Schule haben sich in wenigen Jahren Kinderuniversitäten, Mitmachlabore für Kinder und Science Center etabliert, die die Fragen der Kinder aufgreifen und mit den Kindern auf Entdeckungstour gehen.

Gerade das gemeinsame Experimentieren von Kindern und Erwachsenen fördert das naturwissenschaftliche Interesse der Kinder und kann einen unvergesslichen Einstieg in die Welt der Naturwissenschaften bedeuten. Nicht nur für die Kinder, sondern auch für uns Erwachsene.

Vielleicht ist es Ihnen ja so ergangen wie den meisten von uns und die Fächer Chemie und Physik zählten eher nicht zu Ihren Stärken, im Gegenteil, sie rangierten eher im unteren Beliebtheitsdrittel aller Schulfächer. Vielleicht verbinden Sie mit naturwissenschaftlichen Fächern eher trockene Formeln, chemische Reaktionsgleichungen und Oxidationsstufen, deren Sinn Ihnen bis heute verborgen geblieben ist. Dann nehmen Sie wahrscheinlich gern Hilfe an wenn es darum geht, die richtigen Experimente und vor allem die passenden und kindgerechten Deutungen auszuwählen.

Das vorliegende Buch enthält Anregungen, wie Sie Kinder an die ersten chemischen und physikalischen Naturerfahrungen und deren Deutung heranführen können. Dabei steht das gemeinsame Experimentieren im Vordergrund.

Viel Spaß beim Staunen über Naturphänomene – und bei ihrem Begreifen!

Warum ist die Banane krumm?

Wohl in keiner anderen Phase sind Kinder so interessiert an den Dingen ihrer Umwelt wie im Alter zwischen fünf und acht Jahren. Sie fragen uns „Löcher in den Bauch", registrieren alles ganz genau und vor allem: Sie haben eine besonders gute, detailgenaue Erinnerungsfähigkeit. Daher ist gerade dieses Alter so geeignet, die Kinder an naturwissenschaftliche Themen heranzuführen. Aber dies geschieht immer noch zu selten; oftmals scheitert es daran, dass wir selbst uns die Antworten nicht zutrauen. Das vorliegende Buch gibt Ihnen Anregungen, wie Sie Kinder an die Naturwissenschaften heranführen und ihnen auf viele ihrer Fragen eine Antwort gegeben können. Nur warum die Banane krumm ist, das wird auch hier nicht beantwortet.

Kann ein Kind das denn alles schon verstehen?

Obwohl Kinder im Vor- und Grundschulalter schon ein ausgeprägtes Interesse an naturwissenschaftlichen Fragen zeigen, ist das Zutrauen vieler Erwachsener in die kognitiven Fähigkeiten der Kinder immer noch gering. Vielleicht haben auch Sie sich schon manchmal dabei ertappt, dass Sie einem Kind auf eine interessierte Frage mit „Das verstehst du noch nicht“ geantwortet haben. Die Folgen können fatal sein, denn irgendwann „lernt“ ein Kind, dass seine Fragen nicht zu den erhofften Antworten führen: Die Anfangsmotivation zum naturwissenschaftlichen Fragen, aufgekeimt in der staunenden Wahrnehmung der Dinge, die ein Kind um sich herum beobachtet, bedarf ernst gemeinter Antworten.

Auch unser Bildungssystem hat noch in den 90er Jahren den jungen Kindern offensichtlich kaum naturwissenschaftliches Verständnis zugetraut. Nur so ist es zu erklären, dass die Unterrichtsfächer Chemie und Physik über lange Zeit erst sehr spät eingeführt wurden, in den meisten Bundesländern frühestens ab Klasse 5, in der Regel erst ab Klasse 7 und später. Vermutlich haben deshalb auch Sie in Ihrer Schulzeit erst spät das Fach Chemie auf Ihrem Stundenplan vorgefunden.

Inzwischen ist in Bezug auf naturwissenschaftliche Bildung zum Glück viel Bewegung in die Bildungs- und Lehrpläne gekommen: Physikalische und chemische Themen haben nun endlich ihren Platz im Sachunterrichts-Lehrplan der Grundschule. Dasselbe gilt für den Kindergartenbereich: Alle Bundesländer haben in ihren Bildungsvereinbarungen innerhalb des Bildungsbereichs Natur auch physikalische und chemische Naturerfahrungen aufgenommen – eine hoffnungsvolle Entwicklung, wenn die Theorie nun auch in die Praxis umgesetzt wird und der Übergang zwischen Kindergarten und Grundschule so gestaltet wird, dass die im Kindergarten erworbenen Naturerfahrungen im Primarbereich ausgebaut werden.

Viel wird da von den Pädagogen verlangt, bedenkt man, dass deren Ausbildung nahezu „chemie- und physikfrei“ war und sie nun oft am Punkt Null beginnen müssen. Daher ist es für sie nicht einfach, unsere nächste Generation an die Themen heranzuführen, denen sie selbst so gerne in ihrer Kindheit begegnet wären! Hier bedarf es der Unterstützung von wirklich allen Seiten! Weshalb wurde das frühe naturwissenschaftliche Interesse von Kindern in den Lehrplänen über einen so langen Zeitraum nicht berücksichtigt? Will man die Gründe aufspüren, die über lange Zeit für die späte Einführung der Fächer Chemie und Physik verantwortlich waren, stößt man auch auf rgumente der Entwicklungs- und Lernpsychologie.

JEAN PIAGET

Pionier mit folgenreichen Fehlschlüssen

Zu den bedeutendsten Entwicklungspsychologen mit Einfluss auf unser Bildungssystem zählt ohne Frage der Schweizer Psychologe Jean Piaget (1896–1980), der in zahlreichen empirischen Untersuchungen die „Entwicklung des Erkennens" – so ein Titel seines mehr als 10 Bände umfassenden Gesamtwerks – erforschte.

Sein Untersuchungsschwerpunkt lag in der Fragestellung, wie sich die Erkenntnisfähigkeit des Menschen, seine geistigen Strukturen stufenweise entwickeln. In seinen Studien kommt Piaget zu folgendem Entwicklungsaufbau, der allgemein als „Stadientheorie" bekannt geworden ist:

Während in den ersten zwei Lebensjahren die senso-motorische Phase überwiegt, also das Ertasten, das Fühlen und die Ausbildung der Motorik die Entwicklung des Kleinkindes bestimmen, wird diese Entwicklungsstufe in den darauf folgenden Jahren bis zum siebten Lebensjahr durch die sogenannte prä-operationale oder auch vorlogische Phase abgelöst, in der Kinder nach Piagets Auffassung noch nicht in der Lage sind, logische Verknüpfungen herzustellen, etwa im Sinne von „immer wenn ..., dann ..." Auch Kausalbezüge im Sinne von „das ist so, weil" können noch nicht erfasst werden. Dies gelingt nach Piaget erst in der nächsten Phase zwischen ca. 8 und 12 Jahren, die von Piaget als „konkret-operationale Phase" bezeichnet wird. Die letzte Entwicklungsstufe schließlich, die „formal-operationale Phase", ermöglicht dann auch das logische Schließen bei nicht konkret gegebenen Objekten. Sie bezieht sich auf das abstrakte Denken.

Seit den Untersuchungen Piagets sind inzwischen viele Jahre vergangen und auch wenn er selbst diese Altersangaben eher als ungefähre Zeitabschnitte für die Entwicklung gesehen hat, haben sich in der Zwischenzeit vor allem zwei Kritikpunkte an dieser Stadientheorie empirisch bestätigt:

1. Kinder können in der Regel schon am Ende der Kindergartenzeit logisch denken und
2. die abstrakte Phase wird bei weitem nicht von allen Jugendlichen erreicht.

Was aber hat das mit unseren heutigen Lehrplänen für Naturwissenschaften zu tun? Unter der Annahme, dass das Verständnis der naturwissenschaftlichen Fächer Chemie und Physik ein hohes Abstraktionsvermögen verlangt, wurde deren Einführung auf ein Alter der Schülerinnen und Schüler festgelegt, in dem die formal-operationale Phase erreicht ist. Dabei blieb völlig unberücksichtigt, dass bereits viel früher ein Interesse der Kinder an naturwissenschaftlichen Fragen besteht. Zudem überfordert ein theorielastiger Chemieunterricht manch einen Heranwachsenden, weil er eben doch noch nicht in der Lage ist, abstrakt zu denken. Wie schade ist es daher, wenn der Chemieunterricht nicht nur viel zu spät, sondern dann auch noch fern von jedem Praxisbezug und ohne Experimente durchgeführt wird, wo es doch kaum ein Fach gibt, das so konkret und anschaulich sein kann.
Wenden wir uns im Folgenden einem Entwicklungspsychologen zu, der indirekt schon sehr früh darauf hingewiesen hat, dass bereits die frühen Jahre für eine erste naturwissenschaftliche Auseinandersetzung geeignet sind.

Erik Erikson

Wegbereiter der Stadienentwicklung

Erikson verwendet vor allem zwei zentrale Begriffe, durch die er sich von anderen Konzepten abgrenzt, nämlich das „epigenetische Prinzip“ und die Begriffe „Identität“ bzw. „Identitätskrise“, deren Klärung uns mitten in die Entwicklungspsychologie Eriksons hineinführt.

Menschlicher Entwicklung liegt nach Erikson ein Prinzip des Wachstums zugrunde, das sich in allen Organismen beobachten lässt, nämlich eben jenes epigenetische Prinzip, das verallgemeinert beinhaltet, „dass alles, was wächst, einen Grundplan hat, dem die einzelnen Teile folgen, wobei jeder Teil eine Zeit des Übergewichts durchmacht, bis alle Teile zu einem funktionierenden Ganzen herangewachsen sind.“ (Erikson 1959/1994, S. 58). Die Entwicklung vollzieht sich nach Erikson über insgesamt acht Stadien bis zum späten Erwachsenenalter, wobei jedes Stadium mit der Überwindung einer Krise verbunden ist. Deren Bewältigung ruft das Erreichen des nächsten Entwicklungsstadiums hervor.

Diese Entwicklung von einem Stadium zum nächsten bringt es nach Erikson mit sich, dass eine Krise zu bewältigen ist, die eben durch das Erreichen des nächsten Entwicklungsstadiums hervorgerufen wird. Dies ist die „Identitätskrise“, und damit kommen wir zum zweiten zentralen Begriff der Entwicklungspsychologie Eriksons. An einem Beispiel – und zwar dem entscheidenden Entwicklungsstadium, das für das Kindergarten- und Vorschulalter relevant ist, dem „Spielalter“ – sollen im Folgenden das Wachstum, aber auch die Identitätskrise verdeutlicht werden.

Das Spielalter ist gekennzeichnet durch die Erkenntnis, bereits gut laufen, gut sprechen und feinmotorisch gut mit den Dingen umgehen zu können. Es wächst daher nun die Bereitschaft, sich mit den Erwachsenen zu messen, vor allem natürlich mit den Eltern. Was aus Sicht der Kinder die Eltern oder andere Erwachsene von ihnen unterscheidet, ist das Wissen. Ein charakteristisches Merkmal dieser Lebensphase ist eine – meist durch die uns vertrauten Warum-Fragen begleitete – Wissbegier und Zuwendung zu den Dingen, die Erikson in der ihm eigenen Sprache so prägnant mit folgenden Worten formuliert:

„Die Weisheit des Grundplans will es, dass das Individuum gerade zu dieser Zeit mehr als zu jeder anderen bereit ist, schnell und begierig zu lernen, ‚groß' zu werden in dem Sinne, [...] dass es sich jetzt nicht mehr nur den Menschen, sondern auch der Dingwelt zuwendet. Jetzt [...] ist es im Stande und willig, sich dem Lehrer oder anderen Idealgestalten anzuschließen." (Erikson, 1959/1994, S. 96).
Gleichzeitig geht diese frühe Lebensphase mit einem hohen Ausmaß an Sensibilität einher, sich eventuell zu früh in die Welt der Erwachsenen einzumischen: „Schuldgefühl" als Pendant zur „Inititative" stellt sich bei den Kindern dann ein, wenn sie zu früh in ihrem Wissensdrang gebremst werden – und möglicherweise erlischt die Initiative der Kinder für immer, wenn sie zu früh mit einem „Dafür bist du noch zu klein" reglementiert werden.
Das Zitat bringt nicht nur zum Ausdruck, dass bereits das frühe Kindesalter geeignet ist, sich der „Dingwelt" zu nähern; es sagt darüber hinaus auch aus, dass es niemals mehr eine günstigere Zeit dafür gibt! Auch nicht im Alter von 13 oder 14 Jahren, wenn in unserem Bildungssystem die Naturwissenschaften eingeführt werden? Offensichtlich nicht, denn der Anfangsunterricht in Chemie und Physik fällt mit dem Entwicklungsabschnitt der beginnenden Pubertät zusammen. Diese „physische Revolution", wie Erikson es nennt, führt dazu, dass der Heranwachsende „in erster Linie damit beschäftigt [ist], seine soziale Rolle zu festigen" (Erikson, 1959/1994, S. 107). Für den Jugendlichen stehen dann Fragen nach der eigenen Identität und die erste vorsichtige Ablösung vom Elternhaus im Vordergrund.
Was für ein Potenzial bietet also die Initiative der frühen Jahre, um sich mit Naturphänomenen vertraut zu machen, welch ein Schatz, der möglicherweise den Zugang zu naturwissenschaftlichen Themen aller Art, nicht nur der Chemie und Physik, offen legt! Diese Initiative zu ignorieren, indem wir den Bildungseifer der Kinder entweder nicht ausreichend ernst genommen haben oder ihm keinen Raum gegeben haben, hat über Generationen den positiven Zugang zu Physik und Chemie blockiert. Es ist zu hoffen, dass die Bildungsinitiativen der jüngsten Zeit für den Elementar- und Primarbereich schon in wenigen Jahren Früchte trägt.

Kinder – interessierte und wissbegierige Naturforscher

Um die im vorigen Kapitel dargestellten lern- und entwicklungspsychologischen Theorien in der Praxis zu überprüfen, wurden im Rahmen eigener mehrjähriger Untersuchungen Kinder in Kitas und Grundschulen bei der Heranführung an naturwissenschaftliche Themenfelder begleitet. Die Ergebnisse waren von Anfang an überzeugend und konnten immer wieder bestätigt werden. Die wichtigsten Aspekte werden im Folgenden vorgestellt.

Über mehrere Jahre wurden in zahlreichen Kitas in ganz Deutschland empirische Untersuchungen mit Kindergartenkindern im Alter zwischen fünf und sechseinhalb Jahren durchgeführt. Dabei standen vor allem zwei Fragen im Mittelpunkt. Erstens: Sind Kinder so früh überhaupt schon an Naturphänomenen interessiert? Und zweitens: Können sie sich auch über einen längeren Zeitraum an die Experimente und deren Deutung erinnern? Beide Fragen sind im Zusammenhang mit Naturwissenschaftsvermittlung im frühen Kindesalter von großer Bedeutung, denn wenn die Kinder die Naturphänomene nicht interessieren würden, wäre es schwierig, das Thema im Kindergartenalter zu rechtfertigen, nähme man den Kindern doch auf diese Weise wertvolle Zeit für andere, möglicherweise interessantere Themen. Die Erinnerungsfähigkeit der Kinder war für uns ein wichtiges Untersuchungsfeld, denn sie gibt uns einen Hinweis auf das Verständnis der naturwissenschaftlichen Hintergründe: Ein Kind, das sich über einen längeren Zeitraum sowohl an den Versuchsaufbau als auch an den naturwissenschaftlichen Hintergrund erinnern kann, muss die Deutung des Experiments verstanden haben. Eine dritte Untersuchung, nämlich die der Langzeitwirkung einer frühkindlichen Naturwissenschaftsbegegnung auf die spätere Berufswahl, wurde bei Abiturienten bzw. Erstsemesterstudierenden erhoben.

Ohne hier im Detail auf die Untersuchungsmethoden eingehen zu können, sollen hier kurz die Ergebnisse vorgestellt werden.

Interesseuntersuchungen

Als Hinweis auf das Interesse der Kinder an der Versuchsreihe wurde deren freiwillige Teilnahme, also ihre „Abstimmung mit den Füßen" gewertet. Trotz Alternativangeboten nahmen 70 Prozent der Kindergartenkinder freiwillig an den Experimentierangeboten teil. Diese Ergebnis wird inzwischen seit rund 15 Jahren immer wieder in vielen Einrichtungen bestätigt.

Untersuchungen der Erinnerungsfähigkeit

Was die Erinnerungsfähigkeit der Kindergartenkinder an die naturwissenschaftlichen Experimente betrifft, so haben wir es uns ganz besonders schwer gemacht: Erst etwa drei bis sechs Monate nach Abschluss der Experimentierreihe wurden mit den Kindern Einzelinterviews durchgeführt.

Obwohl die Kinder vor den Interviews keine Gelegenheit hatten, sich noch einmal auf die Versuche vorzubereiten, war ihre Erinnerungsfähigkeit überraschend hoch: Rund 30 Prozent der Experimente konnten ohne jede Hilfestellung rekonstruiert werden, weitere 20 Prozent kamen mit geringer Unterstützung wieder ins Gedächtnis.

Noch ein weiteres Ergebnis wurde durch die empirischen Untersuchungen deutlich: Kinder, die als „verhaltensauffällig" oder unkonzentriert galten, aber auch Kinder mit Behinderungen – sei es körperlich oder geistig – haben mit besonders großem Interesse an der Experimentierreihe teilgenommen. Inzwischen wurden viele Untersuchungen in Einrichtungen des sozialen Brennpunkts, aber auch in heilpädagogischen Einrichtungen in Schulen für Kinder mit Sehbehinderungen oder mit Hörschädigungen durchgeführt und die Ergebnisse, die in zahlreichen Forschungsarbeiten ausgewertet wurden, sind überraschend positiv (vgl. Langermann 2006). Bislang können wir nur vermuten, warum das Interesse gerade dieser Kinder so besonders groß ist. Es fällt auf, dass bei den meisten dieser Kinder der Rhythmus entweder durch familiäre Verhältnisse oder aber durch Krankheit „durcheinander gekommen" ist – und möglicherweise ist es die Ordnung und Zuverlässigkeit der Naturgesetze, die eine so große Faszination ausübt, da hierin den Kindern wieder eine Art Rhythmus und Ordnung offensichtlich wird. So wäre auch zu erklären, warum auffallend viele Kinder manche Experimente immer und immer wiederholen. Sie wollen so erproben, ob wenigstens auf die Naturgesetzmäßigkeiten Verlass ist.

Langzeitwirkung

Bislang liegen nur indirekte Untersuchungen zur Langzeitwirkung vor. Dazu wurde ein großer Teil der Chemie-Studienanfänger des Jahres 2000 – nämlich 1345 Abiturienten bzw. Studierende – nach den Gründen für ihre Studienwahl befragt. Von diesen gaben 22 Prozent an, dass sie sich für Chemie entschieden hätten, weil sie als kleines Kind schon liebevoll an die Phänomene herangeführt worden seien. Diese Tatsache ist den Studienanfängern noch 15 Jahre später gut in Erinnerung! Wie nicht viel anders zu erwarten, sind die Jahre vor dem Abitur kaum ausschlaggebend für die Interessensbildung – allenfalls für eine Festigung der Chemiekenntnisse, die im Studium hilfreich sein können. Die weiterführende Schule, insbesondere der klassische Beginn des Chemieunterrichts in der siebten oder achten Klasse, wird mit 45 Prozent am häufigsten genannt. Es ist allerdings davon auszugehen, dass einige unter diesen Befragten bereits viel früher sensibilisiert wurden. Wenn es um die Interessensbildung geht, sind die ersten Jahre entscheidend!

Sprachförderung durch naturwissenschaftliches Experimentieren

Sprache und erste experimentelle Naturbegegnung sind eng miteinander verbunden: Die Gegenstände, die zum Experimentieren benötigt werden, müssen genau benannt und das, was mit ihnen geschieht, damit das Experiment gelingt, muss exakt beschrieben werden. Manchmal wird ein Experiment auch in eine kleine Geschichte integriert, und das Kind aufgefordert, für den Helden der Geschichte eine Problemlösung zu finden – auch das hat viel mit Sprache zu tun. Vor allem aber kommt die Deutung des Naturphänomens ohne Sprache nicht aus, denn allein durch die Wahrnehmung des Versuchsverlaufs kann der naturwissenschaftliche Hintergrund nicht erfasst werden.
In vielen Kitas wird daher das naturwissenschaftliche Experiment wegen des engen Sprachbezugs als Methode zur Sprachförderung – insbesondere bei Kindern mit Migrationshintergrund – eingesetzt.

Begriffliche Genauigkeit ist wichtig

In einigen Fällen ist die Sprache allerdings auch irreführend: Hartnäckig hält sich beispielsweise in der Alltagsvorstellung von Kindern – und wohl auch in der Vorstellung

so mancher Erwachsener – die Auffassung, dass es „Nichts“ gäbe. Das „Nichts“ hat in unserem Wortschatz seinen festen Platz: Wir behaupten, „nichts im Kühlschrank“ zu haben, auch wenn bei genauerer Betrachtung doch noch die eine oder andere Käsescheibe oder ein Joghurtbecher zu finden sind. Bei einem leeren Glas sind wir uns ganz sicher, dass dort „nichts“ drin ist, so wie im Portemonnaie, in dem das Geld ausgegangen ist. Da Sprache unser Denken ganz entscheidend beeinflusst, ist viel Sorgfalt bei der Wortwahl erforderlich. Natürlich kann in der Alltagssprache nicht jeder Begriff auf die Goldwaage gelegt werden, aber hin und wieder sollten wir uns der „Sprachfallen“ bewusst werden, und das kann nicht früh genug geschehen. Wenn wir „Nichts“ sagen, dann denken wir es auch. „Das Glas ist leer“ – eine solche Aussage berücksichtigt nicht, dass Luft im Glas ist. Luft – neben Boden und Wasser eine unserer wichtigsten Lebensgrundlagen – ist aber mehr als nichts. Und Luft können wir nur schützen, wenn wir ihre Existenz „begreifen“.
Mit dem „Verschwinden“ geht die Alltagssprache ebenfalls recht salopp um. Von der Waage steigend behaupten wir beglückt, ein paar Pfunde seien „verschwunden“. Auch ein im Tee gelöster Zuckerwürfel scheint „verschwunden“; der Fleck auf dem Teppich – wenn man Glück hat – ebenfalls. Aber wo sind denn Pfunde, Zuckerwürfel und Fleck hin? Das immer gültige Naturgesetz von der Erhaltung der Masse garantiert, dass all diese Stoffe noch weiter als Materie existieren, sich allerdings in manchen chemischen Stoffumwandlungsprozessen verändert haben können. Wird es uns – auch sprachlich – bewusst, dass naturwissenschaftlich gesehen nichts verschwinden kann, dann ist dies auch ein erster Schritt zu einem ökologischen Verständnis: Es ist jetzt nur noch ein ganz kurzer Weg um zu verstehen, dass der von uns produzierte Müll nicht im Mülleimer oder auf der Deponie „verschwindet“, sondern – auch bei seiner Zersetzung in kleinere Bestandteile – materiell immer erhalten bleibt.
Vielleicht ist der Gedanke von der Erhaltung der Masse ja hilfreich, wenn Sie das nächste Mal Ihren Schlüsselbund oder Ihre Brille suchen ...

Sind naturwissenschaftliche Kenntnisse denn überhaupt so wichtig?

Vielleicht hat sich Ihnen inzwischen die Frage aufgedrängt, ob es denn überhaupt notwendig sei, Kinder in einem so jungen Alter an Naturwissenschaften heranzuführen. Vielleicht reicht es ja auch aus, wenn die Kinder – wie bisher – später einmal im Schulunterricht auf die Naturwissenschaften stoßen. Schließlich haben sie im Vorschulalter ja auch auf anderen Gebieten viele Erfahrungen zu sammeln: Sport, Musik, Spracherwerb, soziales Verhalten, Erlernen der sogenannten Kulturtechniken wie Lesen, Schreiben und Rechnen usw. Und jetzt auch noch Chemie und Physik?

Nehmen wir einmal an, Sie und Ihre Familie lebten in einer ländlichen Region in Costa Rica – nicht als Touristen, sondern als Einwohner, die sich mit den Gegebenheiten des Landes arrangieren. Costa Rica ist ein Land, das zu einem großen Teil von der Landwirtschaft lebt: Bananen und Kaffee zählen zu den wichtigen Anbauprodukten, die einen hohen Anteil des Exports ausmachen. Es wäre kaum vorstellbar, dass Ihr Kind nicht schon in frühen Jahren mit dem Bananenanbau und der Arbeit auf Kaffeeplantagen konfrontiert würde, auch wenn es sich beruflich einmal anders orientieren möchte. Sie fänden es sicherlich ganz sinnvoll, wenn Ihr Kind erkennen könnte, auf welchem Boden Bananen besonders gut gedeihen, wann der günstigste Zeitpunkt für die Ernte ist, welche Ungeziefer den Ernteertrag gefährden könnten etc. Undenkbar, dass Kinder in diesem Land erst im Alter von 14 Jahren mit den Dingen vertraut gemacht würden, die derzeit das wirtschaftliche Überleben des Landes garantieren und vielleicht in einem solchen Land auch einmal zum persönlichen Überleben beitragen könnten.

In Deutschland werden weder Bananen noch Kaffeebohnen angebaut. Was für Costa Rica diese Agrarprodukte bedeuten, sind hierzulande Industriegüter. Zu den bedeutendsten und umsatzstärksten Industriezweigen zählen der Maschinenbau, die Produktion von Straßenfahrzeugen, die Elektroindustrie, der Ernährungssektor sowie die chemische Industrie.

Alle genannten Industriezweige haben mehr oder weniger eines gemeinsam: Sie basieren auf naturwissenschaftlich-technischem Know-how. Eine wesentliche Voraussetzung für den langfristigen Erfolg der Industrieunternehmen – und das gilt in besonderem Maße für Unternehmen der Chemischen Industrie – ist eine intensive Innovationstätigkeit. Die sogenannten „Produktionszyklen" – also der Zeitraum, in dem ein Produkt nachgefragt wird und konkurrenzfähig ist – werden immer kürzer, und nur durch ständige Innovation ist daher ein Bestehen auf den internationalen Weltmärkten möglich. „Innovationstätigkeit“ mag abgedroschen klingen. Der Begriff wirkt so distanziert: Tatsächlich aber steckt hinter der „Innovationstätigkeit“ immer ein Mensch, auf dessen Kreativität kombiniert mit naturwissenschaftlicher Kompetenz die Hoffnung auf neue Wege ruht. Auf die heute tätigen Naturwissenschaftler hat das Bildungssystem kaum noch einen entscheidenden Einfluss, wohl aber auf die Hoffnungsträger der zukünftigen Generation. Und dazu zählen auch die jetzt 5–6-Jährigen.

Mitreden-Können bei der Umweltpolitik

Die meisten der heute 5–6-Jährigen werden sich vielleicht nicht für einen naturwissenschaftlichen Beruf entscheiden. In unserer arbeitsteiligen Welt wählen viele Berufe im Dienstleistungsgewerbe, in denen es Bereiche gibt, die vollkommen ohne chemische Formel auskommen. Aber: Ob Industrie- oder Einzelhandelskaufmann, Sachbearbeiter in einer Versicherung, ob Jurist, Pfarrer oder Ballett-Tänzer – wenn es um politische, insbesondere umweltpolitische Entscheidungen geht, sind bei jedem naturwissenschaftliche Kenntnisse erforderlich, um zu einer mündigen Entscheidung zu gelangen. Um mitentscheiden zu können, ob man für oder gegen den Bau einer Müllverbrennungsanlage bzw. für oder gegen den Bau eines Kohlekraftwerks oder eines Atomkraftwerks ist, müssen wir wissen, was in diesen Anlagen überhaupt vor sich geht.

Um noch einmal auf das Eingangsbeispiel Costa Rica zurückzukommen: Zur Zukunftssicherung dieses Agrarlandes zählen mit Sicherheit der Bananen- und der Kaffee-Anbau und es ist nachvollziehbar, wenn die heranwachsende Generation mit den Zusammenhängen der Anbaumethoden vertraut gemacht wird. Die Grundlage unserer Industrienation ist das naturwissenschaftliche Know-how, das über die Zukunftssicherung und den Lebensstandard für die zukünftige Generation entscheidet. Auch hierzulande sollte man der heranwachsenden nächsten Generation die Chance geben, sich mit den Zusammenhängen vertraut zu machen, die über ihre Zukunft entscheiden – sei es wirtschaftlich oder umweltpolitisch.

Kriterien der Experimente

Während in der belebten Natur die Naturerscheinungen in der Regel ohne größere Vorbereitung oder Einschränkung beobachtet werden können – so etwa das Spektrum an Laubbäumen oder die Vielzahl der Blumenzwiebeln –, sind Experimente zur unbelebten Natur, also physikalische und chemische Versuche, mit mehr Bedacht auszuwählen. Nach welchen Kriterien die Auswahl der hier für Sie zusammengestellten Versuche erfolgte, wird im Folgenden beschrieben.

Die verwendeten Stoffe sind ungiftig

Sämtliche Versuche sind ungefährlich, da die verwendeten Substanzen fast alle aus der natürlichen Umgebung des Kindes, aus Küche und Bad, stammen. Auch bei kleineren Abweichungen von den Versuchsbeschreibungen besteht keinerlei Gefahr für Kinder, solange der bestimmungsgemäße Gebrauch der Materialien eingehalten wird. Dennoch sollten Sie – insbesondere bei den Experimenten mit brennenden Teelichtern – immer in der Nähe sein.

Ausgangsstoffe: preiswert und überall erhältlich

Auch ein noch so beeindruckendes Experiment wird wohl kaum durchgeführt werden, wenn die Ausgangsmaterialien nur über schwierige Umwege erhältlich und zudem noch teuer sind. Deshalb sind für fast alle Experimente ausschließlich übliche Haushaltsmittel erforderlich, die zudem das Haushaltsbudget kaum belasten. Vorausgesetzt, dass es in Ihrer Küche Salz, Pfeffer, Zucker, Wasser, Luft und Teelichter gibt, werden

die Kosten für die Versuche insgesamt Cent-Beträge kaum überschreiten. Vertraute Materialien aus Küche und Bad wurden bevorzugt ausgewählt, da dann gleich „zwei Fliegen mit einer Klappe" zu schlagen sind: Die Kinder können die naturwissenschaftlichen Phänomene im Alltag wiedererkennen und sich dann umso leichter an die einzelnen Experimente erinnern.

Spaß durch Erfolgserlebnisse: die Versuche gelingen!

Sämtliche Versuche wurden so ausgewählt, dass sie nicht nur mit der geübten Hand eines Erwachsenen gelingen, sondern auch von den Kindern selbst erfolgreich durchgeführt werden können. In die Rolle des Zuschauers werden die Kinder ohnehin schon oft genug gedrängt. Und außerdem bleiben den Kindern die Dinge, die sie selber machen können, viel besser in Erinnerung – vor allem, wenn sie gelingen.

Naturwissenschaftliche Deutung – keine Zauberei

In gängigen Experimentierbüchern sind viele Versuche beschrieben, die in der folgenden Experimente-Auswahl trotz ihres leichten Gelingens und der Faszination ihrer Ergebnisse nicht aufgegriffen wurden. Der Grund: Die naturwissenschaftliche Deutung des Experiments ist zu komplex, um sie jüngeren Kindern verständlich näher zu bringen. Es bliebe der Eindruck von „Zauberei" zurück. Mit dieser Art der Vermittlung naturwissenschaftlicher Inhalte ist zwar kurzfristig eine große Aufmerksamkeit bei den Kindern zu erzielen, aber sie ist keineswegs unproblematisch. Prozesse, deren Ablauf als „Zauberei" interpretiert wird, können nicht zugleich auf eine zuverlässige Naturgesetzmäßigkeit zurückgeführt werden, sondern unterliegen aus der Perspektive des Laien offensichtlich der Willkür desjenigen, der das Experiment zeigt. Der Ausgang von Naturvorgängen ist nun nicht mehr kalkulierbar – und darin kann ein erster Keim für Emotionen, insbesondere Angst, liegen. Gerade das Verstehen von Naturzusammenhängen legt die Basis für eine vorurteilsfreie Begegnung mit Naturphänomenen. Zudem konnte in Untersuchungen zur Erinnerungsfähigkeit gezeigt werden, dass durch die Deutung des Phänomens ein Versuch deutlich besser im Gedächtnis bleibt als ein Experiment, dessen Ablauf lediglich vorgestellt wurde. Deshalb wird bei den einzelnen Experimenten ganz besonders viel Wert auf die naturwissenschaftliche Deutung gelegt. Mythen und Zauberei haben ihren festen Platz außerhalb der Naturwissenschaften!

Gutes Gelingen in angemessener Zeit

Viele Prozesse, die in der Natur ablaufen, dauern scheinbar nur kurze Zeit; so etwa das Verdunsten von Wasser in der Sonne. Will man solche Abläufe in einem Experiment rekonstruieren, so können manchmal Stunden ins Land gehen – und dabei ist auch die größte Experimentier- und Beobachtungsbereitschaft sowohl bei uns als auch bei den Kindern überstrapaziert.
Alle vorliegenden Experimente können in rund 20 bis 30 Minuten abgeschlossen werden – einschließlich der Zeit, die Kinder zur Durchführung des Versuchs benötigen. Viele Experimente nehmen deutlich weniger Zeit in Anspruch.

Naturwissenschaftserfahrung mit System

Die Experimente sind in vier unterschiedliche Themenbereiche eingeteilt. Es ist hilfreich, wenn die Versuche innerhalb der einzelnen Themen aufeinander aufbauend durchgeführt werden. Das erleichtert Kindern das Verstehen, und zudem bietet sich durch die Anknüpfung an den vorigen Versuch eine Vertiefung an.

Aber: Experimente mit Nahrungsmitteln?

Im Kapitel „Versuche rund um Nahrungsmittel“ ist es nicht zu vermeiden, dass Lebensmittel beim Experimentieren eingesetzt werden. Apfel, Zitrone, Möhre, Hühnerei, Rotkohl etc. sind für Kinder sicherlich vertraute Lebensmittel, und daher ist es nicht unproblematisch, diese für ein Experiment zu verwenden, bei dem sie z. T. ungenießbar werden. Die ethische Fragestellung, ob man für ein Experiment Nahrungsmittel verwenden darf, sollten Sie daher auch mit Kindern diskutieren. Ein entscheidendes Argument für den Einsatz von Nahrungsmitteln sind die geringen Mengen, die für die Durchführung des Experiments erforderlich sind; bei einigen Versuchen sind die Nahrungsmittel anschließend auch durchaus noch genießbar. Ein weiteres Argument: Das Experiment

gibt Einblicke in die Inhaltsstoffe der Nahrungsmittel und die ihnen zugrunde liegenden naturwissenschaftlichen Zusammenhänge. Mit wenig Nahrungsmitteln – einmalig eingesetzt – kann ein Kind dauerhaft einen Einblick in Naturphänomene gewinnen, die gleichsam auch zu einer Wertschätzung dieser Naturprodukte führen. Wenn dies gelingt, dann ist meiner Ansicht nach der Einsatz kleiner Mengen an Nahrungsmitteln beim Experimentieren mit Kindern zu rechtfertigen.

Bevor es losgeht

„Alles zu seiner Zeit“ – das gilt ganz besonders, wenn es um das Experimentieren mit Kindern geht. Nicht nur auf den richtigen Zeitpunkt kommt es dabei an, sondern auch darauf, dass alle Beteiligten Zeit haben. Wenn es gelingen könnte, immer zu einer gleichen Zeit – etwa jeweils an einem bestimmten Nachmittag in der Woche – ein bis zwei Experimente durchzuführen, dann wäre das sowohl vom zeitlichen Abstand als auch vom „Pensum“ optimal.

Der Küchentisch ist der am besten geeignete Ort für die Durchführung der Versuche. Hier ist es kein Malheur, wenn mal ein wenig Wasser oder Öl danebengehen, und da die meisten Materialien ohnehin dem Küchenbestand entnommen sind, passt das Umfeld zum Versuch.

Jedes Experiment ist in vier Einheiten unterteilt. Nach einer kurzen Einführung werden unter „benötigte Materialien“ sämtliche für den Versuch erforderlichen Ausgangsstoffe genannt. Wenn Sie die Materialien gemeinsam zusammentragen, gewinnen Kinder dabei schon einen ersten Zugang zum Experiment.

Es ist wichtig, dass Sie die Materialien auf eine Unterlage mit überschaubarer Größe legen, etwa ein Tischset, ein großes Blatt Papier (DIN A3) oder ein Stück Pappe. Dadurch können sich Kinder besser auf die Materialien konzentrieren; die „Aufmerksamkeitslenkung“ wird gesteigert, wie dies in der Fachsprache heißt. Beobachten Sie einmal den Unterschied, indem Sie die Materialien einfach nur so auf den Tisch legen und anschließend auf die Unterlage. Erst durch die Unterlage entsteht eine Abgrenzung zu all den anderen vielleicht ablenkenden Dingen in der Umgebung.

Nun zur Durchführung: Jeder Schritt ist ganz genau beschrieben. Dennoch ist es vielleicht hilfreich, wenn Sie das Experiment vorher einmal kurz testen, damit auch alles klappt, wenn ein Kind den Versuch durchführt. Schließlich soll das Gelingen des Versuchs Kindern Mut auf weitere Naturwissenschaftserfahrungen machen!
Die genaue Beobachtung, das Sich-Zeit-Nehmen, um ganz genau hinzusehen, gerät häufig in unserm Alltag in den Hintergrund: Haben Sie schon einmal ganz genau zugesehen, wenn sich ein Zuckerwürfel in kaltem Wasser allmählich auflöst? Gerade dieses kontemplative Betrachten, das Sich-Einlassen auf das Naturphänomen ist so entscheidend, wenn Sie Kinder (und sich selbst) zum Staunen bringen möchten. Dieses Staunen ist der erste Schritt, um wissen zu wollen, was hinter dem Phänomen steckt – eine pädagogische Weisheit, die bereits Aristoteles in seiner „Metaphysik" beschrieben hat. Leider ist sie 2400 Jahre später in unseren Bildungssystemen vielfach verloren gegangen.
In der Erklärung sind die naturwissenschaftlichen Zusammenhänge beschrieben, die hinter dem Experiment stecken. Auch ohne wissenschaftliche Formeln kann man dabei sehr weit kommen! Natürlich ist alles stark vereinfacht dargestellt und so beschrieben, dass zunächst Sie als Erwachsener einen Zugang zur Deutung finden können. Sicherlich werden Sie Ihren eigenen Weg wählen, wie Sie Kindern das Phänomen erklären – und gerade dieser wird der beste sein! Mit der Deutung des Experiments ist der entscheidende zweite Schritt auf dem Weg in die Naturwissenschaften getan, nämlich der vom Staunen zum Begreifen.

Augenmaß und Kreativität

Vielleicht erscheint die hier beschriebene Vorgehensweise dem einen oder anderen Leser zu konstruiert, zu stark vorgegeben und lässt zu wenig Spielraum für die Eigeninitiative Ihres Kindes: Müssen denn wirklich alle Materialien auf einer Unterlage zusammengestellt werden? Ist es wichtig, das Experiment genau so durchzuführen, wie es im Versuch beschrieben wird? Natürlich nicht! Bei den Versuchsbeschreibungen handelt es sich um Empfehlungen, die sich über viele Jahre in der Praxis bewährt haben und für diejenigen, die mit diesen Experimenten Neuland betreten, sind sie eine gute Hilfestellung. Die Kreativität Ihres Kindes, auch einmal eine andere Lösung eines Problems auszuprobieren, ist wünschenswert und entspricht ganz dem Forschergeist, der in den Naturwissenschaften so erforderlich ist. Es ist nur wichtig, dass bei Abweichungen von den vorgeschlagenen Experimenten keine gefährlichen Situationen auftreten. Deshalb ist bei alledem viel Augenmaß erforderlich.

Versuche rund um die Luft

LUFT IST NICHT NICHTS!

Für den Optimisten ist ein zur Hälfte gefülltes Glas halb voll, für den Pessimisten ist es halb leer – und für den Naturwissenschaftler ist es immer ganz voll.

Benötigte Materialien

- 1 große durchsichtige Salatschüssel, zur Hälfte mit Wasser gefüllt,
- 1 Glas, mit Wasser gefüllt,
- 1 Glas, leer,
- 1 Serviette
- 2 Gummibärchen,
- 1 Aluminiumgehäuse eines Teelichts,
- Wattebausch oder Stoff zum Auslegen des Aluminiumgehäuses.

Durchführung mit Beobachtung

Können eigentlich zwei Gummibärchen unter Wasser tauchen, ohne nass zu werden? Können sie! Mit einem Taucheranzug zum Beispiel. Es geht aber auch viel einfacher. Zunächst wird eines der beiden Gläser mit Wasser gefüllt – das andere Glas bleibt „leer". Für Kinder ist es schwierig, Luft als Materie, als etwas gegenständlich Vorhandenes zu erfassen, da sie nicht sichtbar ist. Wenn Sie ein Kind also fragen, was in welchem Glas ist, wird es vermutlich antworten: „In dem einen ist Wasser, in dem anderen nichts." Fordern Sie das Kind auf, in das leere, trockene Glas eine Serviette oder ein Taschentuch ganz nach unten bis auf den Glasboden zu stopfen. Anschließend soll es das Glas mit der Öffnung nach unten *gerade, also senkrecht,* in die mit Wasser gefüllte Salatschüssel tauchen und schließlich wieder herauszunehmen: Die Innenwand des Glases und die Serviette sind trocken geblieben.

Dann wird das Glas erneut ins Wasser getaucht, nun aber *schräg* gehalten, sodass Luftblasen entweichen und aufsteigen können. Also muss in dem „leeren" Glas ja doch etwas drin gewesen sein.

Und was hat das alles mit dem Wunsch unserer beiden Gummibärchen zu tun? Die Gummibärchen werden in das zuvor mit Watte ausgelegte Alu-Teelichtschälchen gelegt und auf das Wasser in der Salatschüssel gesetzt. Dann wird das mit Luft gefüllte Glas mit der Öffnung nach unten über das Alu-Gehäuse mit den Gummibärchen gestülpt und nach unten gedrückt. Durch die durchsichtige Wand der Salatschüssel ist zu beobachten, dass die Watte, auf der die Gummibärchen liegen, und die Gummibärchen selbst nicht nass werden.

Erklärung

Dort, wo Luft ist und diese nicht entweichen kann – z. B. bei einem umgestülpten Glas unter Wasser –, kann auch kein Wasser eindringen. Allgemeiner formuliert: „Dort, wo ein Gegenstand ist, kann zur gleichen Zeit kein anderer Gegenstand sein."

LUFT – ZUM ABFÜLLEN

Will man eine Flüssigkeit von einem Glas in ein anderes umgießen, geht das oft einfach. Auch Feststoffe, etwa Sand oder Zucker, kann man leicht umfüllen. Aber versuchen Sie einmal, Luft von einem Glas in ein anderes zu gießen …

Benötigte Materialien

- 1 große durchsichtige Salatschüssel, gut zur Hälfte mit Wasser gefüllt,
- 2 Gläser.

Durchführung

Zu diesem Experiment ist etwas Geschicklichkeit erforderlich, und der Küchentisch kann einige Wasserspritzer abbekommen! Machen Sie den Versuch zunächst einmal vor; dann hat es ein Kind etwas leichter.

Füllen Sie eines der Gläser mit Wasser, tauchen Sie es in die Schüssel und drehen Sie es unter Wasser mit der Öffnung nach unten, ohne dass der Wasserspiegel im Glas sinkt. Nun drücken Sie mit der anderen Hand das leere Glas mit der Öffnung nach unten in die Schüssel. Halten Sie die beiden Gläser dicht nebeneinander. Bringen Sie nun das luftgefüllte Glas in eine Schräglage, sodass die Gasblasen in das mit Wasser gefüllte Glas entweichen können. Das luftgefüllte Glas sollte sich dafür unterhalb des mit Wasser befüllten Glases befinden.

Was ist zu beobachten?

Die Luftblasen steigen in dem mit Wasser gefüllten Glas nach oben und verdrängen dort allmählich das Wasser. Schließlich ist ein großer Teil des Wassers – gut sichtbar – durch Luft verdrängt.

Erklärung

Luft ist leichter als Wasser (genauer: es hat eine geringere Dichte als Wasser) und entweicht nach oben. Wird sie in ein mit Wasser gefülltes Glas eingeleitet, so steigt sie auch dort nach oben und muss dabei das Wasser verdrängen. Würde man versuchen, Luft – ähnlich wie Limonade oder Milch – von einem Glas in ein anderes zu gießen, so würde das nicht gelingen, denn sie müsste, um auf den Grund des zweiten Glases zu gelangen, schwerer sein als die in dem Glas befindliche Luft. Allgemein kann man dies folgendermaßen ausdrücken: Das Umgießen von Flüssigkeiten und Feststoffen gelingt immer außerhalb des Wassers. Gase mit einem großen Auftrieb, die also eine geringere Dichte als Wasser haben, können nur „unter Wasser" umgegossen werden.

Versuche rund um die Kerze

DIE KERZE LÖSCHEN

Zu den nahezu unumstößlichen und immer wieder eingeforderten Privilegien der Kinder zählt, dass sie brennende Kerzen löschen dürfen. In der Regel geschieht das erfolgreich durch kräftiges Pusten. Warum die Kerze dann erlischt und welche anderen Möglichkeiten sich sonst noch zum Löschen einer Kerze bieten, wird dabei selten hinterfragt. Wir tun das im folgenden Experiment.

Benötigte Materialien

- 1 Glas, mit Wasser gefüllt,
- 1 Glas, leer – also nur mit Luft gefüllt,
- mehrere Teelichter,
- 1 Untersetzer oder flache Schale
- Zündhölzer.

Durchführung, Beobachtung und Erklärung

Zünden Sie ein Teelicht an und stellen Sie es auf den dafür vorgesehenen Untersetzer bzw. in eine flache Schale. Das ist wichtig, weil das brennende Teelicht heiß werden kann.
Und da nun mal das Kerze-Anzünden zu den wenigen unumstößlichen Privilegien der Erwachsenen zählt, sollten Sie auch hier keine Ausnahme machen!
Im Ernst: Der Versuch soll Kinder nicht dazu verführen, mit Kerzen zu „experimentieren", sondern das Spektrum an Löschmöglichkeiten erweitern, was im Ernstfall ja ganz hilfreich sein kann.

Füllen Sie – wie schon bei dem Experiment „Luft ist nicht nichts“ – ein Glas mit Wasser und stellen Sie ein ähnlich aussehendes „leeres“ Glas daneben. Vielleicht erinnern sich die Kinder ja noch daran, was in dem einen und was in dem anderen Glas ist ...
Fordern Sie die Kinder auf, ein paar Möglichkeiten zu nennen, Kerzen zu löschen. In der Regel fällt Kindern als erstes das Auspusten der Flamme, vielleicht auch noch das Löschen mit Wasser als Lösung ein.
Um noch auf weitere Lösungsmöglichkeiten zu kommen bzw. diese zu „verstehen“, ist es wichtig, dass Sie den Kindern Folgendes erklären: Eine Kerze benötigt zum Brennen Luft (genauer: Sauerstoff, der in der Luft enthalten ist). Sie erlischt, wenn keine Luft mehr zur Verfügung steht.

Hierzu das Experiment: Was geschieht wohl, wenn ein Kind ein mit Luft gefülltes Glas über das Teelicht stülpt? Lassen Sie einmal Prognosen darüber abgeben:
Erlischt es nie, erlischt es sofort oder erlischt es allmählich?

Hier die Lösung: Die Kerzenflamme erlischt allmählich, ja, sie kann sogar wieder aufflackern, wenn man das Glas rechtzeitig entfernt – denn nun hat sie ja wieder ausreichend Luft zur Verfügung.

Weshalb eine Kerzenflamme mit Wasser gelöscht werden kann, ist nun auch verständlich: Das Wasser schirmt die Kerzenflamme von weiterer Luftzufuhr ab, sie erlischt. Vielleicht fallen nun noch weitere Möglichkeiten ein, wie Flammen zur Not gelöscht werden können: Löschdecken, Löschschaum etc.

Hinweis: Falls Kinder diesen Versuch mehrmals wiederholen möchten: Das mit Wasser gelöschte Teelicht ist aufgrund des feuchten Dochts nur noch schwer zu entzünden. Daher empfiehlt es sich, Ersatz-Teelichter bereitzuhalten.

Erweiterung

Eine weitere interessante Frage, die Ihnen ein Kind vielleicht stellt: Weshalb erlischt die Kerzenflamme beim Pusten?
Obwohl diese Lösch-Möglichkeit den meisten als erste einfällt und häufig praktiziert wird, ist der naturwissenschaftliche Hintergrund nur sehr schwer zu vermitteln und bleibt für Kinder vielleicht noch unverständlich.

Erklärung

Eine Kerze benötigt zum Brennen nicht nur Luft (Sauerstoff), sondern auch das Kerzenwachs, weshalb eine Kerze mit der Zeit ja auch kleiner wird.
Und was geschieht da genau? Der angezündete Baumwolldocht erhitzt allmählich das Wachs in seiner Umgebung. Dabei wird aus dem festen Wachs zunächst flüssiges Wachs. Dieses wird vom Docht aufgesogen, nach einem ähnlichen Prinzip, nach dem Löschpapier Fett aufsaugt. Gelangt dieses flüssige Wachs in die Kerzenflamme, dann wird es zu Wachsdampf weiter erhitzt. Letztlich ist es eigentlich der Wachsdampf, der in der Kerzenflamme mit dem Luftsauerstoff zu Kohlenstoffdioxid umgesetzt wird. Dabei wird Energie in Form von Licht und Wärme frei.

Beim Pusten wird der Wachsdampfstrom unterbrochen. Es ist zwar ausreichend Luft vorhanden, aber der Verbrennungspartner – gasförmiges Wachs – fehlt.

Deshalb löscht die Feuerwehr in der Regel Brände auch nicht durch Pusten! Der Grund: Die „Nahrung“ für die Flammen, also der Gasstrom aus dem brennenden Material, kann nicht weggepustet werden, weil der Brandherd zu groß ist.

EIN SELBSTGEBAUTER MINI-FEUERLÖSCHER

Eine weitere interessante Möglichkeit, eine Kerze zu löschen.

Benötigte Materialien

- 1 Teelicht,
- Feuerzeug,
- Schale mit hohem Rand als Behälter für das brennende Teelicht,
- 1 Glas,
- Backpulver (Natriumhydrogencarbonat), auch Kaisernatron bezeichnet,
- Essig,
- 1 Teelöffel.

Durchführung

Dieser Versuch ist im Unterschied zu den vorherigen besonders gut geeignet, Neugier und Staunen zu wecken. Wechseln Sie dazu die Herangehensweise: Besprechen Sie diesmal nicht vorab den Verlauf des Experiments, sondern führen Sie den Versuch zunächst einmal vor.

Das Teelicht wird in das Schälchen gestellt und angezündet. Mit dem Löffel gibt man etwa einen Teelöffel Natriumhydrogencarbonat in das leere Glas und gießt etwas Essig auf das weiße Pulver. Es entsteht eine starke Gasentwicklung, hervorgerufen durch das Gas Kohlenstoffdioxid. Noch während sich das Gas bildet, hält man das Glas schräg über die Flamme des Teelichts, ohne diese zu berühren.
Was ist zu beobachten? Die Flamme erlischt sofort.

Erklärung

Essigsäure reagiert mit Natriumhydrogencarbonat. Dabei bildet sich das Gas Kohlenstoffdioxid. Dieses ist deutlich schwerer als Luft (genauer: hat eine höhere Dichte als Luft). Daher sinkt es nach unten auf den Boden des Schälchens, in dem sich das brennende Teelicht befindet. Allmählich steigt der Pegel des Kohlenstoffdioxidgases und verdrängt dabei die Luft aus dem Schälchen. Wenn es die Höhe der Kerzenflamme erreicht hat, schließt es diese von weiterer Luftzufuhr ab, sodass sie erlischt.
Das Verblüffende ist: Materialien, die zunächst aussehen wie bekannte Stoffe, reagieren völlig unerwartet. Gibt man zwei Stoffe zusammen, wobei der eine aussieht wie Wasser, aber kein Wasser ist (Essig-Geruch!) und der andere aussieht wie Mehl, aber kein Mehl ist (Kontrollexperiment: Der Versuch gelingt mit Mehl nicht!), so entsteht ein Gas, das aussieht wie Luft, aber offensichtlich keine Luft ist, denn sonst würde die Kerze nicht erlöschen, sondern weiterbrennen.

Auf keinen Fall sollte hier der Eindruck von Zauberei zurückbleiben, obwohl auf den ersten Blick die Ursache dieser erstaunlichen Wirkung unklar ist. Die kleine Versuchsreihe in diesem Buch will ja gerade eine Grenzlinie zwischen der Faszination durch Zauberei und der allmählich verstehbaren Welt der Naturphänomene ziehen.

Zusatzexperiment

In eine leere große Schüssel werden unterschiedlich große Kerzen gestellt bzw. Teelichter in unterschiedlicher Höhe angeordnet. Nun werden die Kerzen angezündet, Essig auf Backpulver gegossen und das entstehende Kohlenstoffdioxid-Gas vom Schüsselrand in die Schüssel geleitet. Allmählich erlischt die Kerze, die sich auf dem Boden der Schüssel befindet, dann die nächst höhere und schließlich die größte Kerze.

RETTE DIE MÜNZE!

Kann man eigentlich eine Münze aus einer mit Wasser gefüllten Schale herausfischen, ohne sich die Hände nass zu machen? Es klappt – mit ein bisschen Geschicklichkeit!

Benötigte Materialien

- 1 Münze,
- 1 kleines Schälchen, etwa 1 bis 2 cm hoch mit Wasser gefüllt,
- 1 hohes Glas mit einem kleinen Durchmesser (z. B. ein Kölsch-Glas),
- 1 Teelicht,
- Zündhölzer.

Durchführung

Das Teelicht wird angezündet und auf die Wasseroberfläche des Schälchens gestellt. Nun wird noch eine Münze in das Schälchen gelegt – sie sinkt auf den Grund des Schälchens. Fordern Sie ein Kind auf, das Glas über das Teelicht zu stülpen und dabei in das Wasser einzutauchen, sodass die Luft nicht von unten nachströmen kann.
Was ist zu beobachten? Die Kerze erlischt und plötzlich steigt der Wasserspiegel im Glas deutlich an.

Erklärung

Weshalb die Kerze erlischt, wurde bereits im Experiment „Die Kerze löschen" erklärt: Ist nicht mehr genügend Luft (genauer, kein Sauerstoff) vorhanden, kann die Kerze nicht weiter brennen.

Aber weshalb steigt nun eigentlich der Wasserspiegel im Glas so plötzlich an? Beim Verbrennen des Sauerstoffs entsteht Kohlenstoffdioxidgas, dem wir schon im vorangegangenen Experiment begegnet sind und das uns noch in weiteren Experimenten begleiten wird. Wenn der Sauerstoffanteil beim Verbrennen unter einen bestimmten Gehalt sinkt, dann erlischt die Kerze. Dabei kühlt sich die Luft im Glas ganz plötzlich ab – schließlich fehlt ja die Flamme als Heizquelle. Dabei zieht sich das Gas im Glas zusammen. Es entsteht ein Vakuum, und da es nicht „nichts" gibt, wird das Wasser in das Glas hineingesogen.

Es gibt noch einen weiteren Grund, weshalb der Wasserspiegel so deutlich ansteigt: Im Unterschied zu Sauerstoff kann sich das Gas Kohlenstoffdioxid im Wasser sehr gut lösen. Anstatt im Glas Platz zu beanspruchen, entweicht es in das Wasser, das sich im Schälchen befindet; Wasser kann daher nachströmen.

Viel los in so einem kleinen Schälchen!

DAS LÖSCHEN DER KERZE – UND EIN BISSCHEN MATHEMATIK

Mathematik kann manchmal sehr trocken sein, vor allem dann, wenn der Bezug zur Anwendung fehlt. Wie ganz spielerisch unterschiedliche Rauminhalte – beispielsweise von Gläsern – in Beziehung gesetzt werden und auf diese Weise geometrische Betrachtungen in naturwissenschaftliche Experimente einfließen können, das zeigt der folgende Versuch.

Benötigte Materialien

- 2 Teelichter,
- 2 Untersetzer für die Teelichter,
- Zündhölzer,
- 2 Gläser unterschiedlicher Größe, leer – also nur mit Luft gefüllt.

Durchführung

Fragen Sie ein Kind, unter welchem Glas das Teelicht wohl schneller erlischt – unter dem großen oder unter dem kleinen?
Nachdem das Kind seine Prognose abgegeben hat, werden die beiden Gläser gleichzeitig auf die brennenden Teelichter gestülpt. Die verstreichenden Sekunden bis zum Erlöschen der Teelichter können laut abgezählt werden.
Was ist zu beobachten? Das Teelicht unter dem großen Glas brennt länger als das Teelicht unter dem kleinen Glas.

Erklärung

Da in dem größeren Glas mehr Luft enthalten ist als in dem kleineren, kann die Flamme länger brennen; sie hat mehr Luft zum Verbrauch zur Verfügung.

Erweiterung

Der Versuch kann erweitert und mit unterschiedlich großen Gläsern durchgeführt werden.
Variiert werden kann das Experiment noch durch eine unterschiedliche Anzahl an Teelichtern pro Glas, z. B.: In einem doppelt so großen Glas erlöschen zwei Teelichter genauso schnell wie ein Teelicht in einem halb so großen Glas.
Das Löschen von Teelichtern kann auch als Methode gewählt werden, um das Volumen von Gläsern miteinander in Beziehung zu setzen, deren Rauminhalt beim bloßen Betrachten nicht abgeschätzt werden kann.

Versuche rund ums Wasser

WARUM WINDELN BABYS SO LANGE TROCKEN HALTEN

Die Saugfähigkeit von Materialien ist im Alltag häufig gefragt: Bei der Küchenrolle, mit der schnell alles weggewischt wird, und vor allem bei der Windel, die Babys lange trocken halten soll. Was macht die Saugfähigkeit eines Stoffes aber genau aus? Der folgende Versuch wird darauf eine Antwort geben!

Benötigte Materialien

- 1 kleiner Stein mit glatter Oberfläche,
- Frischhaltefolie,
- Watte,
- eine handelsübliche „Ultra"-Windel für Babys ab 6 Monate,
- „Superabsorber-Kristalle" aus der Windel,
- 4 Glasschälchen,
- Wasserbehälter mit Wasser.

Durchführung

Die Windel wird aufgeschnitten. Neben Watte sind auch kleine Körnchen enthalten, die sich wie Sand anfühlen. Diese sogenannten Superabsorber-Kristalle werden von der Watte abgehoben und in einem Glasschälchen gesammelt, bis dessen Boden bedeckt ist. Wenn dabei kleine Watteteile dazwischen geraten, ist das für die Durchführung des Experiments ohne Bedeutung.
Die unterschiedlichen Materialien werden jeweils in ein Glasschälchen gelegt. Anschließend wird immer die gleiche Menge Wasser über die einzelnen Materialien gegeben.

Was ist zu beobachten? Die Materialien saugen unterschiedlich große Mengen des Wassers auf. Sichtbar wird dies am nicht gebundenen Wasser in den Schälchen. Der Stein und die Frischhalte-Folie saugen überhaupt kein Wasser auf. Watte zeigt eine größere Saugfähigkeit. Ganz besonders gute Saugfähigkeit haben die isolierten Superabsorber-Kristalle. Fordern Sie ein Kind auf, so lange Wasser dazu zu gießen, bis dieses nicht mehr aufgesaugt wird.

Erklärung

Die Saugfähigkeit hängt vor allem von der Art und der Größe der Oberfläche ab: Stein oder Plastikfolie sind glatt; hier kann das Wasser nicht eindringen. Die schon deutlich saugfähigere Watte besteht aus kleinen Zellulose-Partikeln, die wie haarfeine Fäden dicht miteinander verknäult sind. Zusammen haben diese vielen Fäden eine wesentlich größere Oberfläche als der Stein. Zudem bieten sie dem Wasser aufgrund ihrer Struktur eine gute Möglichkeit, haften zu bleiben. Wenn man auf die feuchte Watte mit den Händen Druck ausübt, wird das Wasser wieder abgegeben, d. h. es wird von der Watte nicht festgehalten.

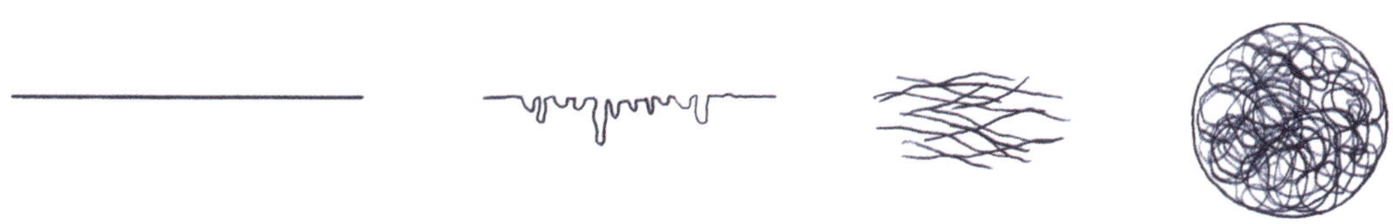

Kommen wir nun zum vierten Schälchen mit den Superabsorber-Kristallen. Übt man einen Druck auf die Kristalle aus, so wird das Wasser nicht wieder abgegeben. Sie saugen also nicht nur besser, bei Druck bleibt das Wasser im Kristall auch enthalten.
In jedem Kristallkügelchen befinden sich – bindfadenartig zusammengeknäult – lange, Fäden aus dem Kunststoff Polycarboxylat, an denen sich das Wasser allmählich anlagert. Im Unterschied zur Zellulose kann das Wasser sich an diese Fäden fest anlagern, sodass es auch bei Druck nicht mehr abgegeben werden kann. Da es ein wenig dauert, bis das Wasser aufgesaugt ist, muss in der Windel auch noch Watte enthalten sein, die fürs erste dafür sorgt, dass nichts ausläuft.

WARUM SCHWIMMT EIS AUF DEM WASSER?

Fest, flüssig und gasförmig – das sind die drei Aggregatzustände, die wir gewöhnlich in unserer Umwelt vorfinden. Dabei gehen wir in der Regel davon aus, dass Gase im Vergleich zu Flüssigkeiten leichter sind, Feststoffe dagegen schwerer als Flüssigkeiten. Wasser kommt in den Aggregatzuständen Wasserdampf, Wasser und Eis vor. Fast in jedem Winter können wir beobachten, dass der Feststoff Eis auf dem Wasser eines Sees schwimmt und im Sommer lässt sich das Naturschauspiel mit Eiswürfeln im Saftglas wiederholen. Weshalb der Feststoff Eis im Wasser nicht untergehen kann, viele andere Feststoffe dagegen sinken, dieser Frage können Sie mit Kindern im folgenden Experiment nachgehen.

Benötigte Materialien

- 1 große Salatschüssel, zur Hälfte mit Wasser gefüllt,
- Eis (gefrorenes Wasser),
- ein Stück Holz,
- ein kleiner Stein,
- Metallstück, z. B. Münze.

Durchführung

Lassen Sie ein Kind Prognosen darüber abgeben, welche Materialien im Wasser wohl sinken werden und welche nicht. Kindgerechter wird der Einstieg in dieses Experiment, wenn die Frage mit folgendem Problem verbunden wird: Wie können zwei Gummibärchen auf dem Wasser schwimmen, ohne nass zu werden? Fordern Sie das Kind auf, die Materialien auszuwählen, die als zuverlässige Schwimmunterlage für die Gummibärchen dienen könnten.
Was ist zu beobachten? Die Münze und der Stein sinken; Eis und Holz bleiben auf der Oberfläche des Wassers.

Erklärung

Will man diesem Experiment auf den Grund gehen, so kommt man mit den Begriffen „leicht“ und „schwer“ nicht viel weiter. Eine kleine Münze kann leichter sein als ein Eiswürfel, dennoch sinkt sie, während der Eiswürfel auf der Wasseroberfläche bleibt. Die entscheidende Größe ist die Dichte. Darunter versteht man die Masse – hier verbirgt sich also doch der Bezug zu schwer und leicht – gleicher Volumina der Stoffe. Die Münze kann im Vergleich zum Eiswürfel noch so klein sein, ihre Dichte entscheidet darüber, dass sie in Wasser untergeht. Münzmetalle und Steine haben eine größere Dichte als Wasser, Eis und Holz eine geringere Dichte. Soviel zur Erklärung, wann überhaupt ein Material in Wasser sinkt und wann nicht.
Warum aber sinkt der Feststoff Eis nicht in Wasser, ist er doch aus demselben Material, nur eben in einem anderen Aggregatzustand? Hat der Feststoff Eis eine geringere Dichte als die Flüssigkeit Wasser? Genau diese überraschenden Dichteverhältnisse liegen bei Wasser vor. Das liegt an der Kristallstruktur des Eises, die voluminöser ist als die des Wassers. Stark vergrößert kann man erkennen, dass die Wasserbausteine ganz dicht nebeneinander liegen, während sich im Eiskristall Lücken befinden.

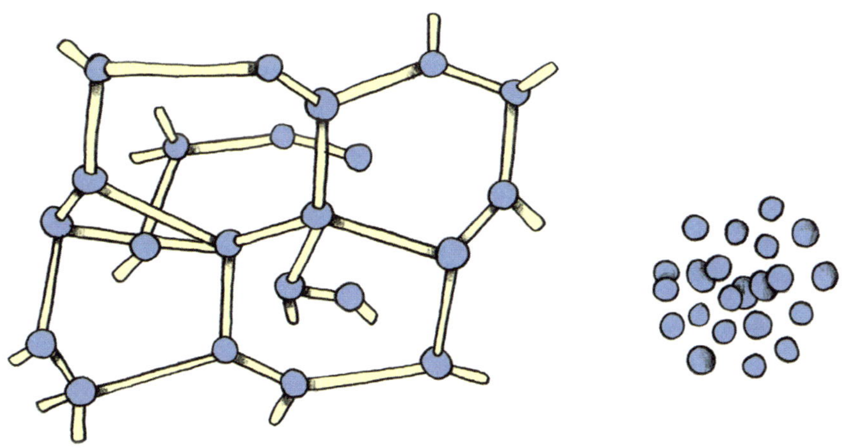

Die im Vergleich zu Wasser geringere Dichte von Eis hat viele Konsequenzen: Sie ist dafür verantwortlich, dass Flaschen platzen, in denen das Getränk gefriert, dass Seen von oben zufrieren und die Fische unter dem Eis noch schwimmen können und viele weitere Phänomene, die unseren Alltag bestimmen.

DER NORDPOL IM WASSERGLAS

Eis nimmt mehr Raum ein als Wasser, sodass bei großer Kälte Wasserflaschen platzen. Sogar Gesteine können gespalten werden, wenn Wasser in den Felsspalten gefriert. Wenn Eis mehr Raum einnimmt als Wasser, bringt dann ein schmelzender Eiswürfel ein randvoll mit Wasser gefülltes Glas zum Überlaufen?

Benötigte Materialien

- 1 Glas (etwa 200 ml Wasser fassend),
- warmes Wasser,
- 1 Eiswürfel,
- Münzen.

Durchführung

Das Glas wird mit warmem Wasser gut gefüllt. Nun wird der Eiswürfel vorsichtig auf die Oberfläche gelegt. Nachdem der Eiswürfel im Glas „seinen Platz gefunden hat", d. h. ein wenig untergetaucht ist und ein wenig über die Oberfläche hinausragt, werden behutsam Münzen in das Wasser geworfen, bis das Wasser im wahrsten Sinne des Wortes randvoll das Glas füllt. Falls vorher noch nicht genügend Wasser im Glas war, kann auch löffelweise weiteres Wasser zugegeben werden.

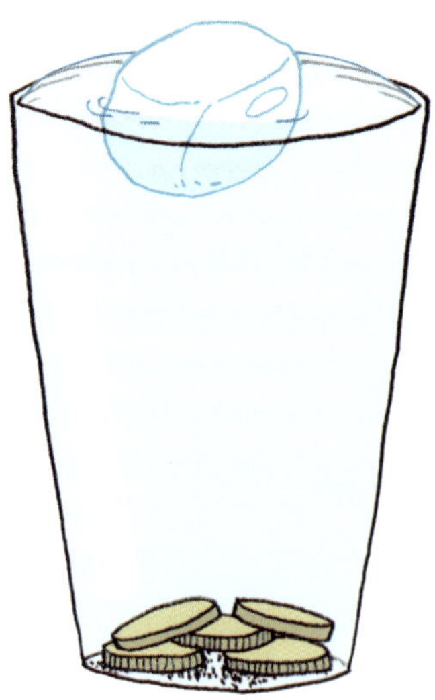

Was ist zu beobachten? Allmählich schmilzt der Eiswürfel. Je nach Wassertemperatur kann dies recht schnell geschehen. Das Wasser im randvoll gefüllten Glas läuft nicht über.

Erklärung

Eis hat eine geringere Dichte als Wasser, d. h. es nimmt bei gleicher Masse mehr Volumen ein als Wasser, weil es sich beim Gefrieren ausdehnt. Der Grund für diese Ausdehnung liegt an der Kristallstruktur, in der Eis gefriert. Diese kristalline Struktur, in der jedes Wasserteilchen seinen festen Platz zugewiesen bekommt, enthält viele Hohlräume, was zur Volumenzunahme führt

Wenn nun das Eis schmilzt, nimmt das Volumen ab, denn die kristalline Struktur wird aufgelöst und die Hohlräume füllen sich auf, weil die Wasserteilchen zusammenrücken können. Deshalb nimmt der Teil des Eiswürfels, der sich unterhalb des Wasserspiegels im Glas befand, weniger Raum ein; der Wasserspiegel sinkt. Der Teil des Eiswürfels, der über den Wasserspiegel hinausragt und ebenfalls flüssig wird, passt nun genau in das Glas hinein, sodass insgesamt kein Tropfen überläuft.

Dieses Phänomen, das wir hier im Kleinem beobachtet haben, ist auch im Großen von besonderer Bedeutung: Der Nordpol besteht aus einigen hunderttausend Kubikkilometern gefrorenem Meerwasser. Wenn dieser gigantische „Eiswürfel" zu schmelzen beginnt, dann werden dadurch keineswegs die Weltmeere ansteigen, so wie auch das Wasserglas nicht überläuft. Eine solche Schlussfolgerung in der ökologischen Debatte um die Klimaerwärmung und ihre Folgen ist nicht korrekt, wie das Experiment zeigt.

Dennoch besteht eine Gefahr des Meeresspiegelanstiegs: Da bei der Klimaerwärmung auch die Temperatur des Wassers der Weltmeere ansteigt, dehnt sich das Wasser aus, der Wasserspiegel steigt. (Deshalb verfälscht die Verwendung von warmem Wasser in unserem Experiment auch das Phänomen ein wenig, denn beim Abkühlen durch den Eiswürfel verringert sich das Volumen des Wassers ebenfalls.) Zudem trägt das Schmelzen der Gletscher sowie der Eis- und Schneemassen auch auf der Antarktis, die über feste Landmassen verfügt, zu einem Anstieg der Meeresspiegel bei.

Wassertemperatur und Löslichkeit im Wasser

Es gibt Dinge, die lösen sich nicht in Wasser. Ein Stein beispielsweise ist noch nach Jahrtausenden gut erhalten im Flussbett sichtbar; durch die Kraft des Wassers vielleicht etwas abgerundet, aber eben nicht gelöst. Bei Salz und Zucker und noch vielen anderen Stoffen ist das anders. Sie sind – zum Glück – wasserlöslich. Dass es bei der Löslichkeit verschiedener Materialien entscheidende Unterschiede zu entdecken gibt, zeigt der folgende Versuch. Es geht dabei darum, was die Wassertemperatur mit der Löslichkeit von Salz und Zucker zu tun hat.

Benötigte Materialien

- 1 große Glaskanne mit kaltem Wasser,
- 1 große Glaskanne mit sehr warmem Wasser,
- 1 kleiner Stein,
- Zuckerwürfel,
- Kochsalz,
- 1 Löffel,
- mehrere Gläser,
- dunkle Unterlage.

Durchführung

Welche Materialien sind wasserlöslich, der Stein, der Zucker oder das Salz? Vielleicht entdecken Kinder außer dem Stein noch weitere nicht-wasserlösliche Materialien in der Umgebung des Experimentiertischs: den Tisch beispielsweise, den Löffel aus Metall etc.

Legen Sie den Stein in ein Glas mit Wasser. Fordern Sie nun auf, zwei Gläser mit der gleichen Menge des kalten Wassers zu füllen und anschließend einen Zuckerwürfel in das eine Glas und eine etwa gleiche Menge Salz in das andere Glas zu geben. Nun wird genau beobachtet, was sich schneller löst, das Salz oder der Zucker. Auf einer dunklen Unterlage ist die Löslichkeit weißer Kristalle besonders gut zu beobachten.

Anschließend werden erneut zwei Gläser mit der gleichen Wassermenge gefüllt, diesmal das eine mit kaltem und das andere mit warmem Wasser. Lassen Sie Kinder nun je einen Zuckerwürfel in die beiden Gläser geben. Wieder soll genau beobachtet werden, bei welcher Wassertemperatur sich der Zucker schneller löst.

Nun noch ein Blick auf den Stein im Wasserglas ... Hat sich etwas verändert? Was ist zu beobachten? Der Stein ist wasserunlöslich.
Zucker ist bei vergleichbarer Wassertemperatur leichter löslich als Salz. Wichtig bei der Beobachtung: Eine Trübung, wie sie vielleicht im Falle des Salzes vorliegt, ist ein Hinweis darauf, dass sich das Salz eben noch nicht gelöst hat! Erst wenn das Wasser klar ist, hat sich der Stoff aufgelöst.
Es ist zu beobachten: Zucker ist in warmem Wasser leichter löslich als in kaltem Wasser.

Erklärung

Ob ein Material wasserlöslich ist oder nicht, hängt letztlich von der Struktur des Materials ab. Betrachten wir zunächst den wasserunlöslichen Stein. Das Wasser kann nicht in das Innere des Steins dringen und den Stein auch nicht verändern. Das Wasser benetzt den Stein lediglich.

Nun zur Löslichkeit von Salz und Zucker: Ein wasserlöslicher Feststoff bietet dem Wasser die Möglichkeit, zunächst an den Ecken, Kanten und Flächen „anzugreifen" und allmählich Schicht um Schicht abzutrennen und mit Wasser zu umhüllen. Wenn der Salz- bzw. Zuckerkristall einmal vollständig gelöst ist, liegt das Salz bzw. der Zucker in vielen winzig kleinen, nicht mehr sichtbaren Teilen vor, die in dem Wasser verteilt sind. Dieses Abtrennen winzig kleiner Teile aus einem Kristallverband gelingt unterschiedlich schnell. Manche Kristalle, die eine feste Struktur haben, sind nur allmählich löslich, andere dagegen, so etwa Zucker, sind leichter löslich.

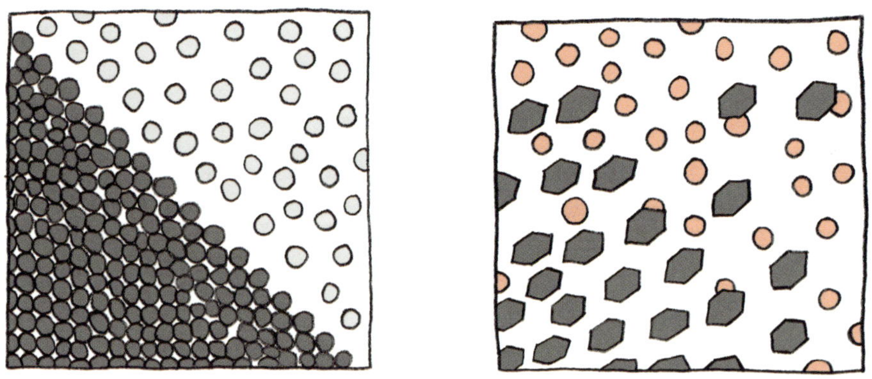

Bei steigender Wassertemperatur kann mehr Zucker in Wasser gelöst werden: Während es bei 20 °C noch 200 g in 100 ml Wasser sind, steigt die Menge bei 100 °C auf das Doppelte, 400 g, an. Zudem kann bei höherer Temperatur das Wasser leichter an den Ecken, Kanten und Flächen des wasserlöslichen Kristalls „angreifen". Das hat etwas damit zu tun, dass durch die höhere Temperatur die Bewegung des Wassers an den Außenstellen des Kristalls größer wird und so der Vorgang des Lösens beschleunigt wird. Die Löslichkeit von Salz ist dagegen kaum temperaturabhängig, weshalb bei diesem Experiment auch kein Vergleich der Salzlöslichkeit in kaltem und warmem Wasser vorgeschlagen wird.

Wie gut, dass unsere Körpertemperatur bei rund 37 °C liegt! Eine physiologisch so wichtiger Substanz wie Zucker kann sich bei dieser Temperatur schneller lösen als etwa bei einem im Winterschlaf befindlichen Kaltblüter. Aber gut ist auch, dass sich Zucker grundsätzlich schneller löst als Salz, denn Zucker wird in manchen Fällen von unserem Körper ganz schnell benötigt (Unterzuckerung). Salz dagegen kann in größeren Mengen für unseren Organismus schnell ungesund sein; da ist es schon besser, wenn der Prozess des Lösens etwas Zeit in Anspruch nimmt.

Der nicht-lösliche Stein ist am Ende des Experiments erwartungsgemäß weiterhin gut sichtbar. Müßig daher zu fragen, wo der Stein denn nun sei. Aber wo sind der gelöste Zucker und das gelöste Salz eigentlich abgeblieben? Verschwunden? Weg? Dass dies nicht der Fall ist, zeigt das folgende Experiment.

IN DER NATUR VERSCHWINDET NICHTS – AUCH KEIN SALZKRISTALL

Es gibt Momente, in denen ein Gegenstand hoffnungslos weg zu sein scheint – das Portemonnaie z. B. oder die Brille. Aber: Wirklich verschwunden sind weder Portemonnaie noch Brille, sie sind allenfalls an einem anderen Ort. Denn nichts verschwindet einfach so. Auch nicht ein im Wasser gelöster Salzkristall!

Benötigte Materialien

- Teelicht mit Untersetzer,
- Zündhölzer,
- ein Teelöffel aus Metall,
- Salzlösung, sehr konzentriert,
- Zuckerwürfel,
- Kochsalz.

Durchführung

Stellen Sie eine sehr konzentrierte Salzlösung her, indem Sie Salz zu heißem Wasser geben und umrühren. Gießen Sie die Lösung vom noch ungelösten Bodensatz in ein anderes Glas ab. Achtung: Eine Salzlösung in dieser Konzentration darf keinesfalls getrunken werden (würde aber auch eh nicht schmecken)!
Fordern Sie die Kinder auf, noch einmal wie im vorigen Experiment einen Zuckerwürfel und einige Salzkristalle in Wasser zu lösen. Nachdem sich die Kristalle gelöst haben, kann sich die Frage anschließen, wo denn nun der Zucker und das Salz seien.
Eine Geschmacksprobe beim Zuckerwasser macht deutlich, dass das Wasser süß schmeckt, also der Zucker wohl nicht ganz verschwunden sein kann. Das gilt auch für die Salzlösung, hier wird aber aufs Probieren verzichtet. Fordern Sie die Kinder auf, über Möglichkeiten nachzudenken, wie das Salz als Feststoff zurückgewonnen werden kann.

Es wird für Kinder vielleicht schwierig sein, eine Antwort zu finden. Schlagen Sie vor, mit dem Teelöffel eine geringe Menge der Salzlösung aufzunehmen und den Löffel über das brennende Teelicht zu halten. Dazu muss eine sehr konzentrierte Salzlösung verwendet werden, da nur dann schnell ein Ergebnis sichtbar wird. Keinesfalls sollte die Zuckerlösung verwendet werden, da Zucker bei starker Wärmezufuhr karamellisiert. Weisen Sie die Kinder darauf hin, den Löffel nur hinten am Stiel anzufassen; auch nachdem der Löffel aus der Teelichtflamme entfernt worden ist, muss man noch einige Minuten warten, bis er abgekühlt ist!
Was ist zu beobachten? Nach einiger Zeit ist das Wasser im Teelöffel verdunstet, zurück bleibt eine weiße Salzkruste.

Erklärung

In einer Salz- bzw. Zuckerlösung ist der gelöste Stoff natürlich noch vorhanden, allerdings nicht mehr sichtbar. Durch die Wärmezufuhr verdampft das Wasser, und die in der Lösung fein verteilten Salz- bzw. Zuckerteilchen kristallisieren wieder als festes Salz bzw. als Zucker aus.

AUCH WASSER HAT EINE HAUT

Wenn man ein Glas vorsichtig randvoll mit Wasser füllt, kann man beobachten, dass sich die Oberfläche ein wenig wölbt, dass also noch mehr hineinpasst, als der eigentliche Rauminhalt des Glases umfasst. Was es mit dieser empfindlichen „Haut des Wassers“ auf sich hat, zeigt das folgende Experiment.

Benötigte Materialien

- 1 Glas mit kaltem Wasser,
- gemahlener Pfeffer,
- Spülmittellösung (also einige Tropfen Spülmittel in Wasser gelöst),
- 1 Tropfpipette (in Apotheken erhältlich).

Durchführung

Lassen Sie ein Kind eine Prise Pfeffer auf das Wasser im Glas streuen und genau beobachten, was geschieht. Nach einiger Zeit werden mit einer Tropfpipette einige Tropfen der Spülmittellösung vorsichtig auf die Wasseroberfläche getropft.

Was ist zu beobachten? Zunächst bleibt der Pfeffer auf der Wasseroberfläche liegen. Nach Zugabe der Spülmittellösung sinkt der Pfeffer allmählich auf den Grund des Glases.

Erklärung

An der Oberfläche des Wasser, also an der „Grenzfläche“ zwischen Wasser und Luft, sind Kräfte wirksam, die ins Flüssigkeitsinnere ziehen. Wann immer möglich, nimmt daher Wasser eine Kugelform an. Die oben beschriebene Wölbung der Wasseroberfläche ist dadurch ebenfalls zu erklären. An der Grenzfläche entsteht eine sogenannte Grenzflächenspannung, die die Ursache dafür ist, dass auch Stoffe mit einer höheren Dichte als Wasser, z. B. Pfeffer, aber auch eine feine Nähnadel, auf der Oberfläche liegen bleiben und nicht auf den Boden sinken.
Was geschieht nun, wenn Spülmittellösung hinzu gegeben wird? Wie die Beobachtung zeigt, ist die Oberflächenspannung nun nicht mehr so groß, dass Pfeffer auf der Wasseroberfläche bleibt. Teile der Spülmittellösung sammeln sich an der Oberfläche des Wassers an und dadurch werden die Kräfteverhältnisse gestört. Die Kugelgestalt kann nicht mehr erhalten bleiben, die Oberflächenspannung lässt nach.
Genau dieser Effekt wird auch beim Spülen und Waschen hervorgerufen. Ohne Spülmittel perlt Wasser tropfenförmig ab; mit Spülmittel, das die Oberflächenspannung herabsetzt, verteilt sich das Wasser – eine Voraussetzung dafür, dass der Gegenstand überhaupt gesäubert werden kann.

SALATSOSSE – NATURWISSEN-SCHAFTLICH BETRACHTET

Weshalb schwimmen auf einer Suppe eigentlich Fettaugen? Warum vermischen sich die Flüssigkeiten Fett und Wasser nicht miteinander? Gibt es überhaupt Flüssigkeiten, die sich miteinander mischen? Das Mischungsverhalten von Flüssigkeiten lässt sich mit Hilfe des folgenden Experiments untersuchen.

Benötigte Materialien

- 1 Glasschale,
- Behälter mit Wasser,
- Öl, am besten Speiseöl,
- Essig,
- Spülmittel,
- eine Tropfpipette (in Apotheken erhältlich).

Durchführung

Lassen Sie ein Kind eine kleine Menge Wasser in das Glasschälchen gießen. Was geschieht wohl, wenn nun noch etwas Essig zugegeben wird? Fordern Sie das Kind auf, genau zu beobachten, ob sich Essig und Wasser mischen. Danach folgt die dritte Flüssigkeit: ein Tropfen Öl.

Es wird eine Spülmittellösung aus einigen Tropfen Spülmittel und etwas Wasser vorbereitet, und wenige Tropfen werden zu der Flüssigkeit aus Wasser, Essig und Öl tropfenweise zugegeben.

Was ist zu beobachten? Wasser und Essig mischen sich sofort miteinander. Öl bildet in der Wasser-Essig-Lösung isolierte Öltropfen. Es vermischt sich nicht mit dem Wasser bzw. mit dem Essig. Gibt man einige Tropfen Spülmittellösung hinzu, verändert sich zunächst der Rand des Öltropfens; schließlich verliert er vollständig die Kontur.

Erklärung

Wie dieses Experiment, aber auch der Blick in eine Salatschüssel oder einen Suppentopf zeigen, sind nicht alle Flüssigkeiten miteinander mischbar. Die Struktur, d. h. die geometrische Gestalt der kleinsten Teilchen, aus denen die Flüssigkeiten aufgebaut sind, ist dafür verantwortlich. Es heißt: „Gleiches löst sich in Gleichem“, d. h. dass sich alle Flüssigkeiten, die in ihrem Aufbau dem Wasser ähneln, miteinander mischen können. Entsprechend mischen sich alle Flüssigkeiten miteinander, die einen ähnlichen Aufbau wie Öl haben.

Unter einer Riesenlupe betrachtet, hätte Wasser eine nahezu kugelige Gestalt, Öl dagegen eine eher längliche Form. Beide können sich nicht miteinander vermischen. Gibt man eine Spülmittellösung zu dem Wasser-Öl-Gemisch, kommt allerdings Bewegung ins Glasschälchen. Spülmittel hat nämlich von beiden Flüssigkeiten etwas, ein kugeliges Ende und einen länglichen Teil. Und da sich ja Gleiches in Gleichem löst, kann nun das Spülmittel mit dem kugeligen Ende in das Wasser eintauchen und mit dem länglichen Teil in das Öl. Spülmittel schafft also eine Verbindung zwischen den ansonsten nicht miteinander mischbaren Flüssigkeiten.

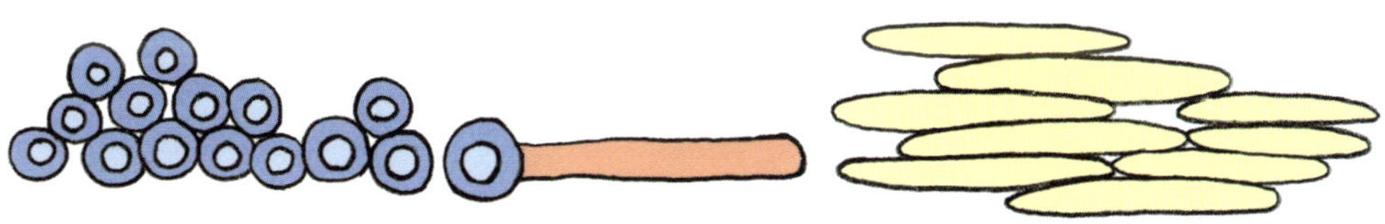

Dasselbe geschieht auch beim Spülen und Waschen: Fett- bzw. Ölverschmutzungen werden von dem Spül- bzw. Waschmittel umhüllt und so vom Gegenstand abgehoben. Anschließend gelangen sie ins Wasser, also das Waschwasser, und werden mit ihm fortgespült.

Noch eine Beobachtung im Zusammenhang mit dem Experiment: Öl und Fett schwimmen immer auf dem Wasser, denn sie haben eine geringere Dichte – ähnlich wie auch das Eis eine geringere Dichte als Wasser hat.

LÖST SICH ZUCKER IN SPEISEÖL?

Wir wissen, dass sich Zucker gut in Wasser löst. Bleibt die Frage, ob sich Zucker auch in Öl löst. Eine mögliche Antwort wäre: „Nicht ganz so gut wie in Wasser, es dauert etwas länger." Wie lange wir da genau warten müssen, verdeutlicht das folgende Experiment.

Benötigte Materialien

- 2 Glasschälchen oder 2 kleine Gläser mit geringem Durchmesser,
- etwa 5 Esslöffel Speiseöl,
- etwas Leitungswasser,
- 2 Zuckerwürfel.

Durchführung

Nachdem ein Kind Prognosen über den Ausgang des Experiments gegeben hat, soll es ca. 5 Esslöffel Speiseöl in ein kleines Glasschälchen füllen und dann den Zuckerwürfel hinzugeben. Der Zuckerwürfel sollte gerade von dem Öl bedeckt werden.
In das zweite Glasschälchen wird die gleiche Menge Leitungswasser gegeben und anschließend der zweite Zuckerwürfel zugefügt. Auch hier sollte das Wasser den Zuckerwürfel bedecken.
Was ist zu beobachten? Der Zuckerwürfel löst sich im Leitungswasser langsam auf. Dieser Vorgang kann je nach Wassertemperatur einige Minuten dauern. Der Zuckerwürfel im Speiseöl bleibt dagegen fest. In der Umgebung um den Zuckerwürfel können im Öl kleine Bläschen beobachtet werden.

Erklärung

Zucker löst sich nicht in Öl – auch kein kleines bisschen! Selbst nach einer Woche – der Versuch kann als „Langzeitexperiment" an einem sicheren Platz in der Küche fortgesetzt werden – ist die Würfelform des Zuckers noch gut erkennbar. Der Grund: Zucker und Öl haben völlig andere Strukturen. „Gleiches löst sich in Gleichem" – dies gilt auch im Falle des Zuckers. Die länglichen Ölteilchen können den Zucker nicht lösen, weil dieser nicht aus länglichen Teilchen besteht, sondern – das zeigt der Lösevorgang im Wasser – über ähnliche Strukturen verfügt wie das Wasser, nämlich kugelige Anteile.

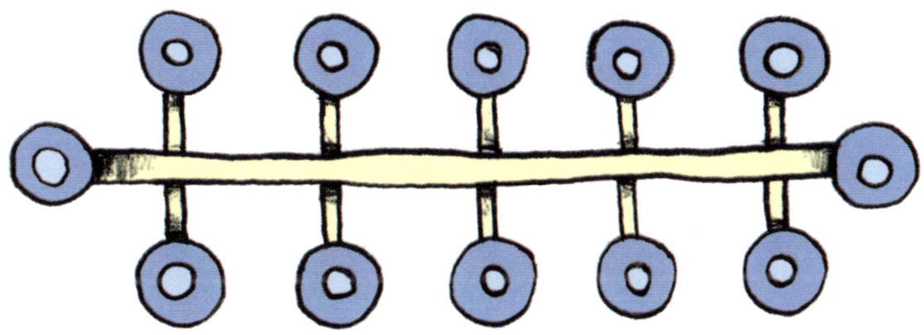

Und was kommen da für Bläschen aus dem Zucker? Das Öl dringt allmählich in die Hohlräume des Zuckerwürfels und verdrängt die darin befindliche Luft. Diese Luftbläschen bleiben für eine lange Zeit im Öl eingeschlossen, entweichen allerdings allmählich, da Luft eine geringere Dichte als Wasser hat und daher aufsteigt.
Fazit: Wenn wir in der Küche für eine Mahlzeit Zucker verwenden, muss immer auch Wasser zugefügt werden, wobei schon die kleinste Menge ausreicht, z. B. das im Hühnerei enthaltene Wasser, das etwa 80 % des Ei-Gewichts ausmacht. Ohne Wasser löst sich der Zucker nicht!

Versuche rund um Lebensmittel

WAS IN DER ZITRONE STECKT!

Dass ein Glas heiße Zitrone bei einer Erkältung gut tut, ist allgemein bekannt. Der hohe Vitamin C-Gehalt der Zitrusfrüchte ist gerade bei Erkrankungen, bei denen der Vitamin C-Bedarf erhöht ist, besonders gefragt. Aber steckt denn wirklich so viel Vitamin C in einer Zitrone?

Benötigte Materialien

- Teller,
- 1 Messer,
- 1 Apfel; besser: Apfelstücke unterschiedlicher Apfelsorten,
- 1 Zitrone,
- Zitronenpresse.

Durchführung

Mit dem Messer wird der Apfel bzw. jedes Apfelstück der unterschiedlichen Apfelsorten halbiert und auf die beiden Teller verteilt. Dabei sollte man – etwa durch unterschiedliche Einkerbungen – kenntlich machen, welche Apfelstücke von ein und demselben Apfel stammen.
Die Zitrone wird gepresst und der Saft auf die Apfelstücke des einen Tellers verteilt; die Apfelstücke des anderen Tellers bleiben unbehandelt.
Was ist zu beobachten? Nach einiger Zeit wird an den Oberflächen einiger Apfelstückchen eine Braunfärbung sichtbar. Doch obwohl alle Äpfel etwa zur gleichen Zeit aufgeschnitten wurden, setzt die Braunfärbung zu unterschiedlichen Zeiten ein; bei manchen Apfelstückchen bleibt sie ganz aus.

Erklärung

An den Schnittstellen gelangt Luft an das Obst. Das Obst reagiert mit dem Sauerstoff der Luft – man sagt auch oxidiert – und wird dort braun, wo nur wenig Vitamin C zur Stelle ist. Bei einem Vergleich der beiden Teller fällt auf, dass die Apfelstückchen, die mit Zitronensaft behandelt wurden, langsamer braun werden als die unbehandelten.
Der Grund: Zitrone enthält besonders viel Vitamin C (53 mg pro 100 g Zitrone; Äpfel dagegen nur 12 mg/100 g). Die damit behandelten Äpfel werden so vor dem Braunwerden geschützt – übrigens auch der Grund, weshalb man Zitrone über einen frisch zubereiteten Obstsalat gießt: Der Salat behält länger seine ursprüngliche Farbe.

Auch zwischen den einzelnen Apfelsorten sind Unterschiede zu erkennen: Frisch geerntete Äpfel behalten ihre helle Farbe länger als gelagerte Äpfel, das gleiche gilt für Boskop- oder Cox-Orange-Äpfel. Golden Delicious Äpfel werden dagegen schneller braun.

Und weshalb verhindert Vitamin C die Braunfärbung von Obst durch Reaktion mit dem Sauerstoff der Luft bzw. durch Oxidation? Vitamin C, also Ascorbinsäure, verhindert, dass ein anderer Stoff oxidieren kann; stattdessen wird er selbst oxidiert; man sagt auch: Ascorbinsäure ist ein Antioxidans. Je mehr sich von dieser Ascorbinsäure auf Obst mit einem geringen Vitamin C-Gehalt befindet, desto weniger wird dieses Obst oxidiert; d. h.,die Braunfärbung verzögert sich.
Wegen dieser Eigenschaft wird Ascorbinsäure auch unter dem Namen E300 als Lebensmittelzusatzstoff eingesetzt, so z. B. in Fruchtsäften oder Marmelade.

Der Mensch kann im Unterschied zu vielen anderen Lebewesen Vitamin C nicht selber erstellen und ist deshalb auf eine regelmäßige Zufuhr des Vitamins über die Nahrung angewiesen. Da die aufgenommene Ascorbinsäure wasserlöslich ist und daher nicht in unseren Fettdepots gespeichert werden kann, ist es wichtig, dass wir täglich Vitamin C-haltige Nahrung aufnehmen. Im menschlichen Organismus hat das Vitamin C viele lebenswichtigen Funktionen: Es ist am Aufbau von Collagen beteiligt, ist wichtig für den Eisentransport im Blut, vor allem aber verhindert es als Antioxidans die Oxidation an den Stellen in unserem Organismus, an denen sie unerwünscht ist.

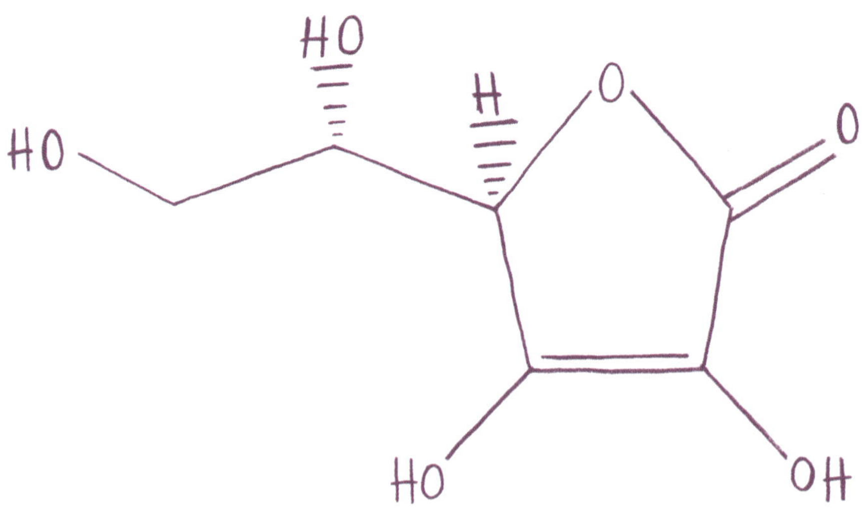

Die Weltgesundheitsorganisation WHO empfiehlt für Erwachsene eine tägliche Mindesteinnahme von 30 mg Ascorbinsäure; die Deutsche Gesellschaft für Ernährung sogar eine Menge von 75 mg.
Einen Nachteil hat Vitamin C, also Ascorbinsäure, allerdings doch: Sie zersetzt sich bei Wärme. Die heiße Zitrone hilft daher eigentlich nur dann besonders gut gegen Erkältung, wenn vorher schon eine kalte Zitrone getrunken wurde!

Viel schneller ist die Braunfärbung an Auberginenscheiben zu beobachten. Wenn Kinder dieses Gemüse nicht kennen, sollte der Versuch jedoch lieber wie im Experiment beschrieben mit Äpfeln durchgeführt werden.

KANN EIN HART GEKOCHTES EI WIEDER FLÜSSIG WERDEN?

Wenn Schokolade erwärmt wird, schmilzt sie. Auch Eis schmilzt beim Erwärmen zu Wasser, in der Kälte friert es wieder zu Eis. Und wie ist das bei einem Ei? Ein Ei wird beim Erwärmen nach einiger Zeit immer fester. Schließlich wird aus einem rohen Ei nach einigen Minuten ein gekochtes, also festes Ei. Und wenn wir ein gekochtes Ei abkühlen, wird es dann wieder flüssig? Natürlich nicht! Aber was ist bei einem Ei so anders als bei anderen Stoffen?

Benötigte Materialien

- 1 rohes Ei,
- 1 Teeglas (hitzestabil),
- Kochtopf, zur Hälfte mit Wasser gefüllt,
- evtl. hitzestabiles Thermometer.

Durchführung

Das rohe Ei wird aufgeschlagen, das Eiweiß vom Eigelb getrennt und im Teeglas aufgefangen. Das Wasser im Kochtopf wird auf einer Herdplatte ein wenig erwärmt. Bei handwarmer Temperatur des Wassers (ca. 35–40 °C; ggf. mit dem Thermometer kontrollieren) wird das Teeglas in das Wasser gestellt und beobachtet, ob eine Veränderung eintritt. Dann wird das Wasser stärker erhitzt und wieder wird das Teeglas mit dem Eiklar in das Wasser gehalten.
Was ist zu beobachten? Während im handwarmen Wasser keinerlei Veränderung des Eiklars zu beobachten ist, verfärbt sich das Eiklar im heißen Wasser nach einiger Zeit – je nach Wassertemperatur kann es einige Minuten dauern – allmählich weiß und wird hart. Die Verfärbung tritt zunächst an der Teeglaswand ein, da hier die Wärme des Wassers am schnellsten wirkt.

Erklärung

Das Eiklar des Hühnereis besteht zu 10,6 Prozent aus Eiweiß, auch Protein genannt. Im rohen Ei, in dem das Eiklar noch flüssig vorliegt, haben die Proteine eine Struktur, die vergleichbar ist mit einem langen Faden: Die einzelnen Protein„fäden“ liegen isoliert vor, und jeder einzelne Faden hat eine ganz bestimmte vorgegebene Struktur, wie dies in der Zeichnung dargestellt ist. Erhitzt man nun das Eiklar langsam auf eine Temperatur oberhalb von 42 °C, dann wird die Struktur der Proteinfäden des Eiklars nach und nach aufgelöst, die einzelnen isolierten Fäden lagern sich zusammen – man sagt auch: sie koagulieren bzw. Eiweiß denaturiert – und verlieren dadurch ihre Beweglichkeit: das Eiklar wird hart. Dieser Vorgang ist nicht umkehrbar: Auch bei noch so niedriger Temperatur werden aus den vielen verknäulten Proteinfäden nie wieder isolierte Proteinfäden.

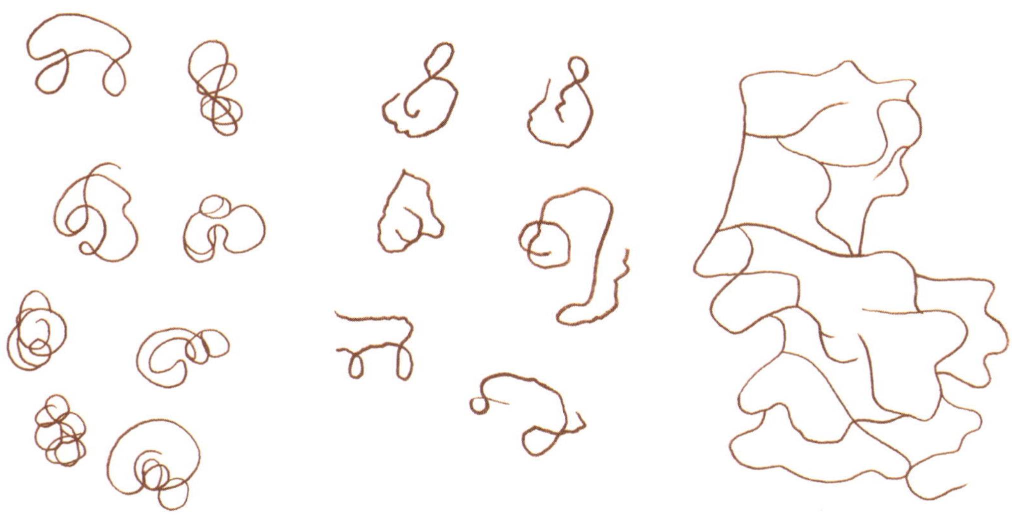

Die hier beschriebene Reaktion findet überall dort statt, wo sich Eiweiß befindet, also auch im menschlichen Organismus, in dem Proteine lebenswichtige Aufgaben erfüllen. Daher ist es so wichtig, dass Fieber nur bis zur Temperatur von 42 °C ansteigt. Auch Verbrennungen der Haut führen dazu, dass das Eiweiß der Haut denaturiert. Deshalb ist es so wichtig, schnell zu kühlen, damit sich die Überhitzung nicht ausbreiten kann.

VON NATUR AUS STABIL: DIE EIERSCHALE

Auch wenn wir aus dem Supermarkt schon so manches Knick-Ei nach Hause getragen haben – die Eierschale ist, gemessen an ihrem Gewicht und ihrer Dicke, eine äußerst stabile Ei-Umhüllung. Das folgende Experiment verdeutlicht das. Am besten, Sie führen den Versuch mit Kindern dann durch, wenn Sie z. B. das nächste Omelett zubereiten und ohnehin viele Eierschalen anfallen.

Benötigte Materialien

- 4 möglichst gleich große Eierschalenhälften,
- eine ebene Fläche, z. B. eine Arbeitsplatte oder einen Küchentisch,
- 2–3 schwere Bücher.

Durchführung

Fordern Sie ein Kind auf, vier Eierschalenhälften in etwa auf gleiche Größe zu bringen, indem es vom Rand vorsichtig überstehende Kanten abbricht. Nun werden die Eierschalenhälften mit der Kuppe nach oben an den Ecken eines gedachten Quadrats angeordnet, sodass sie als „Stützen" für ein Buch dienen können. Nun kann das Kind ganz vorsichtig (!) ein Buch auf die Eierschalen legen. Weitere Bücher können auf das erste Buch folgen, aber irgendwann kracht's!
Was ist zu beobachten? Mit einigem Geschick gelingt es, ein paar schwere Bücher auf die Eierschalen zu legen, ohne dass diese zerbrechen.

Erklärung

Eierschalen sind in der Lage, ein Vielfaches ihres Eigengewichts zu tragen. Das hat zum einen mit ihrer Form und zum anderen mit ihrer Zusammensetzung zu tun.

Zunächst zur Form: Das Hühnerei ist oval, mit einem etwas flachen und einem etwas spitzeren Ende. Eine ovale Struktur bietet insbesondere an den beiden Polen eine hohe Druckstabilität. Die auf ein Ende drückende Last – in unserem Fall die Bücher – wird nach unten gleichmäßig auf immer größere Flächen verteilt.
Baumeister haben sich ein Vorbild daran genommen, und so wird z. B. auch die schwere Last einer Kirchenkuppel nach diesem Prinzip auf größere Flächen zu verteilen.
Doch die Druckverteilung durch die ovale Form wirkt nicht nur an den Polen, sondern an jeder Stelle der Eierschale, also auch rund um den „Äquator". Dies ist in der Natur wichtig, denn schließlich sitzt die Henne beim Brüten ja nicht auf dem senkrecht stehenden, sondern auf dem liegenden Ei.

Außerdem weisen Hühnerei-Schalen eine extrem stabile Zusammensetzung aus Calciumcarbonat und Protein auf. Während sich das Carbonat durch hohe Härte auszeichnet, ist das Protein weich. Wäre das Ei nur aus hartem Material aufgebaut, könnte es sehr leicht brechen – wie Tafelkreide etwa. Eine Kombination aus weichen und harten Schichten, die sich gegenseitig abwechseln, führt dagegen zu Bruchsicherheit. Wenn wir beispielsweise mehrere Glasscheiben transportieren, ist es ratsam, zwischen die Scheiben weiche Polster aus Schaumstoff zu legen – nicht nur, damit die Scheiben nicht zerkratzen, sondern damit durch das Polster Erschütterungen abgefedert werden können. Genauso ist eine Eierschale aufgebaut: Hartes Carbonat ist mit weichem Protein versetzt, das die Erschütterungen und den mechanischen Druck auffängt, sodass die Schale nicht reißt oder zerbricht. Eigentlich erstaunlich, dass es überhaupt Knick-Eier gibt!

WIE KOMMT EIN GEKOCHTES EI IN EINE FLASCHE – UND WIEDER HERAUS?

Zugegeben – was soll eigentlich ein Hühnerei in einer Flasche? Aber wenn wir es anschließend auch wieder herausholen und essen, gibt solche eine Aktion Ihnen und Ihrem Kind viel Gelegenheit, über Naturwissenschaft nachzudenken.

Benötigte Materialien

- 1 hart gekochtes, geschältes Hühnerei,
- 1 leere Flasche mit einem etwas weiteren Flaschenhals, z. B. Milchflasche,
- 1 Kochtopf mit Heizplatte,
- Thermometer,
- Wasser,
- 1 Föhn.

Durchführung

Erhitzen Sie in dem Kochtopf etwas Wasser auf ca. 50–55 °C (das Wasser sollte auf keinen Fall kochen, dann besteht keine Verbrennungsgefahr). Ein Kind soll nun die leere Flasche mit der Öffnung nach oben ins Wasser stellen und nach unten gedrückt festhalte, sodass sie möglichst großflächig von warmem Wasser umgeben ist.
Die Flasche wird nach etwa zwei Minuten aus dem erwärmten Wasser genommen, und nun muss es ganz schnell gehen: Das Kind soll nun das geschälte, hart gekochte Hühnerei senkrecht auf den Flaschenhals setzen und gucken, was passiert.
Was ist zu beobachten? Allmählich „zwängt" sich das Hühnerei durch den engen Flaschenhals in die Flasche.

Erklärung

In einer leeren Flasche befindet sich Luft, die sich beim Erwärmen in einem heißen Wasserbad ausdehnt. Die durch die Ausdehnung „überschüssige" Luft entweicht durch den Flaschenhals nach außen. Nimmt man die Flasche aus dem Wasserbad, kühlt sich die Luft in der Flasche sofort wieder ab und zieht sich zusammen. Dadurch entsteht ein Unterdruck. Das Hühnerei auf dem Flaschenhals verhindert ein Nachströmen der Umgebungsluft und so wird es allmählich durch den Unterdruck in die Flasche gesaugt. Dies gelingt allerdings nur, weil das Hühnerei auch „hart" gekocht noch elastisch genug ist, um sich durch den Flaschenhals hindurchzuzwängen.

Wie kommt das Ei wieder aus der Flasche heraus?

Natürlich könnte man mit einem Hammer auf die Flasche schlagen – aber das Ei wäre dann mit Sicherheit nicht mehr zu genießen. Im Grunde genommen müssen wir das Experiment von vorhin nur wieder umkehren: Wo Unterdruck das Ei in die Flasche gesaugt hat, muss Überdruck durch Erwärmung entstehen.
Fordern Sie auf, die Flasche mit dem Ei auf den Kopf zu stellen, sodass das Ei in der Öffnung zu liegen kommt. Nun muss mit warmer Luft geföhnt werden. Allmählich „zwängt" sich das Hühnerei durch den engen Flaschenhals wieder nach draußen.

BLAUKRAUT ODER ROTKOHL?

Das Gemüse Rotkohl teilt den deutschsprachigen Raum – ähnlich wie der „Weißwurst-Äquator“ – geografisch in zwei Teile: Im Norden heißt es Rotkohl, im Süden Blaukraut: Dennoch bleibt es immer ein und dasselbe Gemüse.

Benötigte Materialien

- Rotkohlsaft (am besten frisch gepresst),
- Zitronensaft oder Essig,
- Backpulver (Natriumhydrogencarbonat, auch Natron genannt) in Wasser gelöst,
- 3 Glasschälchen,
- Behälter mit Wasser zum Verdünnen,
- Teelöffel,
- vorsichtshalber auch ein feuchtes Tuch, falls Rotkohlsaft-Flecken entstehen.

Durchführung

Zwei Teelöffel Rotkohlsaft werden in jedes der drei Schälchen gegeben. Zum Verdünnen des intensiven Rotkohlsafts wird so viel Wasser zugefügt, bis die Flüssigkeit gerade durchsichtig wird. In eines der Schälchen gibt man nun etwas Zitronensaft oder einen Teelöffel Essig. In das zweite Schälchen gibt man etwas in Wasser gelöstes Backpulver. Das dritte Schälchen dient zum Farbvergleich.
Was ist zu beobachten? Nach Zugabe von Zitronensaft oder Essig nimmt Rotkohlsaft eine rote Farbe an, nach Zugabe von Backpulver erscheint Rotkohlsaft blau.

Erklärung

Die Farbveränderung, die hier durch Zugabe von Lebensmitteln hervorgerufen wurde, kann man auch allgemeiner fassen: Säuren färben Rotkohlsaft rot, Laugen – auch Waschlaugen – färben Rotkohlsaft blau. Man nennt Stoffe, die einen solchen Farbwechsel zeigen, auch „Indikatoren". Das Wort kommt aus dem Lateinischen (*indicare* = anzeigen).

Vielleicht kennen Kinder schon andere Lebensmittel, die sauer schmecken – etwa Früchte wie Apfelsinen oder Mandarinen, Brausepulver etc. Auch Laugen sind vielleicht schon bekannt: Seife, Spülmittel, Haarwaschmittel etc. Durch Zugabe dieser Stoffe zu Rotkohlsaft kann überprüft werden, ob es sich nun auch wirklich um Säuren (Rotfärbung) oder Laugen (Blaufärbung) handelt.

Erweiterung

Was geschieht wohl, wenn wir zu dem durch Zitronensaft oder Essig rot gefärbten Rotkohl etwas Backpulverlösung geben? Und umgekehrt, was beobachten wir, wenn wir zur blau gefärbten Rotkohllösung mit Backpulver etwas Zitronensaft oder Essig geben?

Allmählich erscheint wieder die Ausgangsfarbe des Rotkohlsafts, und bei weiterer Zugabe schlägt die Farbe wiederum um. Da sich dabei – häufig recht stürmisch – das Gas CO_2 entwickelt, sollte diese Versuchserweiterung auf einer abwaschbaren Unterlage durchgeführt werden, damit sich keine Rotkohlflecken bilden.

EIN NATÜRLICHER FLECKENTFERNER

Johannisbeersaft, Rote-Bete-Saft, Rotwein – in einem Glas sehen die farbenprächtigen Flüssigkeiten allesamt schön aus, aber auf dem Teppich ist es mit der Ästhetik vorbei. Ein altes Hausmittel gegen diese Flecken ist Salz. Wenn man es schnell und in großen Mengen auf die gerade entstandenen Flecken gibt, kann das Malheur in seinen Auswirkungen deutlich verringert werden. Was da genau geschieht, zeigt das folgende Experiment.

Benötigte Materialien

- einige Tropfen Johannisbeer- oder Rote-Bete-Saft (oder Rotwein),
- ein weißes Küchentuch aus Baumwolle (oder ein alter weißer Lappen),
- Kochsalz.

Durchführung

Lassen Sie ein Kind einige Milliliter der Flüssigkeit auf das Tuch tropfen. Anschließend soll sofort sehr viel Kochsalz auf dem roten Flecken angehäuft werden, sodass er völlig verdeckt ist.
Was ist zu beobachten? Nach einigen Minuten färbt sich das Salz rot.

Erklärung

Kochsalz besteht aus einem Gemisch verschiedener Salze. Neben Natriumchlorid – mengenmäßig ist dies der mit Abstand größte Anteil – ist vor allem auch Magnesiumchlorid enthalten. Darüber hinaus sind auch iod- und fluorhaltige Salze im Kochsalz zu finden – eben all die Salze, die im Meerwasser gelöst sind. Salzlagerstätten haben sich vor Urzeiten gebildet, als sich das Meerwasser, mit dem früher ein Großteil des Landes bedeckt war, zurückgezogen hat bzw. verdunstet ist. Zurück blieben die Salze, die im Meerwasser gelöst waren.

Magnesiumchlorid hat eine ganz besondere Eigenschaft: Es zieht Wasser geradezu an. Man nennt solche wasseranziehenden Stoffe auch „hygroskopisch“ (von griech. *Hygros* = Feuchtigkeit und *skopein* = betrachten, sehen, übersetzt also Feuchtigkeit (an)zeigend; insgesamt also Wasser anzeigend).

Der Saft auf dem Küchentuch wird von dem wasseranziehenden Magnesiumchlorid nun angesaugt und mit dem Wasser zugleich auch der rote Farbstoff. Befindet sich die Flüssigkeit jedoch auf einem sehr saugfähigen Material, etwa Watte oder Küchenpapier, dann konkurrieren die wasseranziehenden Kräfte miteinander und der Saft bleibt schließlich im saugfähigeren Stoff. Deshalb gelingt dieses Experiment auch am besten auf einem Küchentuch aus Baumwolle, das nicht sehr saugfähig ist.

Kochsalz verdankt übrigens seinen Namen nicht der Tatsache, dass es zum Kochen verwendet wird, sondern dem historischen Verfahren, mit dem es gewonnen wurde: Salzlager wurden unter Wasser gesetzt, es entstanden sogenannte Solen, also Salzlösungen, die eingekocht wurden, sodass schließlich das feste Kochsalz zurückblieb. Im Falle von Salz, das durch Eindampfen von Solen erhalten wird, spricht man auch von Siedesalz, durch Eindunsten von Meerwasser gewonnenes Salz heißt Meersalz.

EIN FRÜHSTÜCKSEI – CHEMISCH GEKÖPFT

Wie isst man eigentlich ein Frühstücksei? Nimmt man es mit der Etikette genau, hat man es da schwer: mit dem Messer köpfen oder mit dem Löffel die Schale aufklopfen, um sich dann nach mühsamer Schälarbeit dem Ei-Innern zu nähern?
In der Diskussion um die Frühstücksei-Etikette ist bislang eine dritte Variante – die chemische nämlich – völlig unberücksichtigt geblieben. Um die geht es im folgenden Experiment.

Benötigte Materialien

- Eierschalen (es genügt eine kleine Menge),
- Essig,
- 1 Schälchen.

Durchführung

Fordern Sie Ihr Kind auf, die Eierschalen in das Schälchen zu legen und so viel Essig zuzugeben, bis die Eierschalen ganz bedeckt sind.
Was ist zu beobachten? Nach einigen Sekunden steigen Bläschen auf. Diese Gasentwicklung kann über einen langen Zeitraum beobachtet werden. Mit der Zeit wird die Eierschale ein wenig brüchig.

Erklärung

Eierschalen bestehen zu einem großen Anteil aus Calciumcarbonat (auch Kalk genannt), einer in der Natur weit verbreiteten Verbindung, die z. B. auch am Knochenaufbau im Körper beteiligt ist und als Gestein in Marmor oder Kalkspat zu finden ist.
Gibt man zu Calciumcarbonat Wasser, dann geschieht überhaupt nichts – und das ist auch gut so, denn schließlich sollen sich Eierschalen und Knochen ja nicht auflösen. Mit einer 5-prozentigen Essiglösung, wie sie beispielsweise in der Küche verwendet

wird, beginnt Calciumcarbonat sofort zu reagieren, indem sich Kohlenstoffdioxidgas entwickelt. Hinter dieser chemischen Reaktion steckt das gleiche Prinzip, das auch in dem Experiment „Ein selbstgebauter Mini-Feuerlöscher“ beschrieben ist: Säuren reagieren mit Carbonaten. Dabei wird Kohlenstoffdioxidgas freigesetzt.
Chemisch kann man das auch so formulieren: Eine stärkere Säure verdrängt eine schwächere Säure aus ihrem Salz. Essigsäure ist „saurer“ als Kohlensäure (Calciumcarbonat ist ein Salz der Kohlensäure). Aus Calciumcarbonat bildet sich deshalb unter Einwirkung von Essigsäure die Kohlensäure – und die zerfällt, wie wir täglich an „kohlensäurehaltigem“ Mineralwasser beobachten können, in Wasser und Kohlenstoffdioxidgas.

Noch einmal zurück zum Frühstücksei: Wie der Versuch zeigt, dauert es doch einige Zeit, bis sich die Hühnerei-Schale in Essig auflöst: Die chemische Variante ist also nur etwas für ganz Geduldige und solche, die eine Menge Zeit zum Frühstücken haben. Für die anderen bleibt‘s doch besser beim „Köpfen“ oder beim Schälen von Hand!

WIE AUS DEM EI GEPELLT

Im vorigen Experiment haben wir die Zusammensetzung der Eierschale aus Carbonat kennengelernt. Es hat uns daher auch gar nicht überrascht, dass wir – ähnlich wie mit Backpulver – bei Zugabe von Essig die Eierschale chemisch in Kohlenstoffdioxid umwandeln können. Aber was geschieht eigentlich, wenn wir ein ganzes Ei in Essig legen?
Um die Antwort zu erhalten, müssen Kinder etwas geduldiger sein als bei den anderen Experimenten dieses Buchs – es kann bis zu zwei Tage dauern, bis das Ergebnis sichtbar ist.

Benötigte Materialien

- 1 rohes Ei,
- Haushaltsessig,
- 1 schmales, hohes Glas.

Durchführung

Fordern Sie ein Kind auf, das rohe Ei ganz vorsichtig auf den Boden eines Glases rollen zu lassen und dann so viel Essig zuzugeben, bis das Ei gerade eben bedeckt ist.
Was ist zu beobachten? Die gesamte Schale löst sich auf und es wird das dünne Schalenhäutchen des Eis sichtbar, in dem sich Eiklar und Eidotter befinden. Nachdem man die restlichen Eierschalenstückchen vorsichtig abgespült hat und das Ei gegen das Licht hält, kann man das Ei-Innere genau erkennen, vor allem den Dotter und die Hagelschnüre, mit denen der Eidotter in der Mitte des Eis gehalten wird.

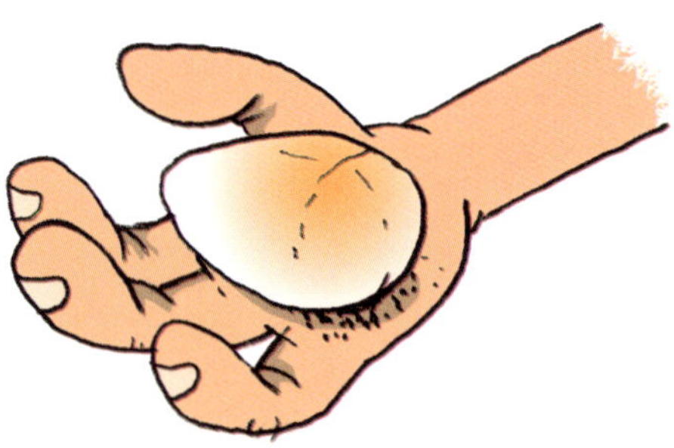

Erklärung

Es gilt dieselbe Erklärung wie schon in den vorigen Experimenten: Carbonate bilden mit Essigsäure Kohlenstoffdioxid.
Legt man ein ganzes rohes Ei in Essig, so löst sich die gesamte Schale nach etwa zwei Tagen von den inneren Schalenhäuten, die das Eiklar umgeben. Dabei kann man über einen Zeitraum von mehreren Stunden besonders gut beobachten, wie permanent kleine Kohlenstoffdioxid-Bläschen aufsteigen. Das Eiweiß wird nun nur noch von der inneren Schalenhaut zusammengehalten.

Zusatzexperiment

In Salzwasser gelegt, schrumpelt das Ei zusammen, da die Flüssigkeit des Eis durch die Membran nach außen tritt, um die Konzentration der Salzlösung herabzusenken. Gibt man das Ei vorsichtig in destilliertes Wasser, so drängt dieses durch die Membran in das Ei – das Ei wird größer und größer ...

DIE EIERSCHALE ALS MODELL FÜR KARIESSCHUTZ

Unsere Zähne haben zwar eine völlig andere Zusammensetzung als Eierschalen – nur ein geringer Anteil besteht aus Calciumcarbonat, ein anderer Baustein ist z. B. Hydroxylapatit –, dennoch haben sie mit den Eierschalen etwas gemeinsam: Beide sind gegenüber Säuren sehr empfindlich. Was mit der Eierschale geschieht, wenn man sie in Essig legt, haben uns die vorigen Experimente schon vor Augen geführt. Aber dass Zahnpasta diesen Prozess verlangsamt, kann ein Kind vielleicht nachhaltig vom Sinn des Zähneputzens überzeugen.

Benötigte Materialien

- 1 rohes oder gekochtes Ei,
- Zahngel, z. B. „elmex gelée“,
- 1 Zahnbürste,
- Haushaltsessig,
- 1 größeres Glasgefäß, z. B. Messbecher oder durchsichtige Blumenvase.

Durchführung

Bitten Sie ein Kind, die eine Eihälfte mit dem Zahn-Gel zu bestreichen und die andere Hälfte unbehandelt zu lassen. Das Auftragen kann z. B. mit einer Zahnbürste geschehen. Das Gel soll ca. zwei Minuten auf die Eierschale einwirken. Nach ca. 2 Minuten wird die Eierschale gründlich mit Wasser abgespült (so wie wir den Mund nach dem Zähneputzen ausspülen). Anschließend legt das Kind das Ei in ein Glas und gießt Essig darüber, bis es gerade eben bedeckt ist. Was ist zu beobachten? An den Stellen, an denen die Eierschale nicht mit dem Zahngel in Kontakt gekommen ist, bilden sich Gasbläschen. Die mit Gel behandelten Schalenflächen bleiben unverändert, werden also von der Säure nicht angegriffen.

Erklärung

Ein Blick auf die Zusammensetzung der Gels zeigt, dass es u. a. auch aus Fluorverbindungen besteht. Die Fluorid-Ionen dieser Zusatzstoffe reagieren sehr schnell mit Calcium-Ionen, die sich als Calciumcarbonat in den Eierschalen oder auf dem Zahnschmelz unserer Zähne (hier noch in Form anderer Verbindungen) befinden. Die entstehende Verbindung Calciumfluorid ist äußerst stabil und bildet mit den anderen Inhaltsstoffen des Gels einen Schutzfilm für das Hühnerei und unsere Zähne, der nicht so schnell von Säuren angegriffen werden kann. In der unbehandelten Eierschalenhälfte entwickeln sich Kohlenstoffdioxidbläschen, da Essig mit Calciumcarbonat reagiert.

Und warum sind Süßigkeiten für unsere Zähne dann so schädlich – schließlich sind sie ja nicht sauer? Weil Zucker von Bakterien zu Säuren umgewandelt wird, und diese greifen den Zahnschmelz dann genauso an wie Essig.

ENTKALKER SELBST GEMACHT

Carbonate befinden sich nahezu überall: Viele Gesteine – etwa Marmor oder Kalkstein – bestehen aus Carbonaten. Über das Wasser gelangen diese Carbonate auch an Stellen, wo wir sie im Haushalt eigentlich nicht gerne sehen: in die Kaffeemaschine, an den Wasserhahn, auf den Waschbeckenrand usw. Ob sich Kalkablagerungen am Beckenrand wie die Eierschalen der vorangegangenen Experimente mit Essig auflösen lassen?

Benötigte Materialien

- gut sichtbare Kalkablagerung (etwa an der Badewanne),
- 1 Schälchen,
- Essig,
- 1 Teelicht,
- Feuerzeug,
- 1 Esslöffel.

Durchführung

Fordern Sie ein Kind auf, mit dem Esslöffel etwas Essig auf die Kalkablagerung zu geben und zu beobachten. Erwärmen Sie den Essig anschließend leicht. Dies kann beispielsweise dadurch geschehen, dass Sie etwas Essig auf einen Esslöffel geben und diesen kurze Zeit über eine Teelichtflamme halten. Fordern Sie das Kind nun auf, diesen erwärmten Essig auf die Kalkablagerung zu geben.
Was ist zu beobachten? Nach der Zugabe des kalten Essigs bilden sich allmählich vereinzelte Gasbläschen. Nach Zugabe des warmen Essigs ist vermehrte Gasbildung zu beobachten.

Erklärung

Essig ist eine Säure (siehe auch Experiment „Blaukraut oder Rotkohl?").
Wie bei der Eierschale im vorigen Experiment, wird auch bei Kalkablagerungen nach Zugabe der Säure Essig die etwas schwächere Säure Kohlensäure aus den Carbonaten freigesetzt. Kohlensäure zerfällt schließlich in Wasser und Kohlenstoffdioxidgas, das in Form von Bläschen sichtbar wird.
Und weshalb gelingt das Entkalken mit erwärmtem Essig schneller? Nahezu alle chemischen Reaktionen laufen doppelt so schnell ab, wenn die Temperatur nur um 10 °C erhöht wird (wird auch als RGT-Regel von **R**eaktions**g**eschwindikgeit –**T**emperatur abgleitet, bezeichnet).
Normalerweise hat Essig eine Zimmertemperatur von rund 20 °C. Über einem Teelicht erhitzt, steigt die Temperatur schnell auf 50–60°C an. Die Entkalkungsgeschwindigkeit hat sich bei 30 °C gegenüber Zimmertemperatur verdoppelt, bei 40 °C vervierfacht und bei 50 °C sogar verachtfacht. Nun wird auch verständlich, weshalb eine verkalkte Kaffeemaschine entkalkt werden kann, wenn das Essigwasser auf nahezu Siedetemperatur von rund 100 °C erhitzt wird.
Zum Entkalken wird häufig Ameisensäure verwendet. Sie ist etwas aggressiver als Essigsäure, ansonsten aber der Essigsäure im chemischen Aufbau sehr ähnlich. Versuchen Sie doch einfach beim nächsten Mal, mit Essig zu entkalken – natürlich frei von Basilikum- oder Estragon-Zusätzen!

LITERATUR

Aristoteles, Metaphysik. Schriften zur Ersten Philosophie, übers. u. hg. v. Franz F. Schwarz, Stuttgart 1976, S. 23 (982b/983a).

Becker, Hans-Jürgen: Chemie – ein unbeliebtes Schulfach? Ergebnisse und Motive der Fachbeliebtheit. In: Mathematisch-Naturwissenschaftlicher Unterricht (MNU). 31 (1978), S. 455ff.

Collins, Andrew (Hrsg.): Development during middle childhood. The years from six to twelve. Washington D. C. 1984.

Deci, Edward L.; Ryan, Richard, M.: Die Selbstbestimmungstheorie der Motivation und ihre Bedeutung für die Pädagogik. In: Zeitschrift für Pädagogik. 39 (1993) 2, S. 223–238.

Donaldson, Margaret: Wie Kinder denken. Intelligenz und Schulversagen. Huber: Bern 1982.

Erikson, H. Erik: Identität und Lebenszyklus. Suhrkamp, Frankfurt am Main, 1994. (Titel der Originalausgabe: Identity and the Life Cycle; erstmals 1959 im Englischen erschienen.)

Erikson, H. Erik: Jugend und Krise. Die Psychodynamik im Wandel. Klett-Cotta, Stuttgart 2003. (Titel der Originalausgabe: Identity – Youth and Crisis; erstmals 1968 im Englischen erschienen.)

Gräber, Wolfgang; Stork, Heinrich: Die Entwicklungspsychologie Jean Piagets als Mahnerin und Helferin des Lehrens im naturwissenschaftlichen Unterricht. Teil 2. In: MNU. 37 (1984) 5, S. 257–269.

Krapp, Andreas: Intrinsische Lernmotivation und Interesse. Forschungsansätze und konzeptuelle Überlegungen. In: Zeitschrift für Pädagogik. 45 (1999) 3, S. 387–406.

Krapp, Andreas; Prenzel, Manfred (Hrsg.): Interesse, Lernen, Leistung. Neuere Ansätze der pädagogisch-psychologischen Interessenforschung. Münster 1992.

Langerman, Katrin: Die Akzeptanz naturwissenschaftlicher Phänomene bei geistig behinderten Vorschulkindern. Untersuchung zur affektiven und kognitiven Rezeption naturwissenschaftlicher Experimente, Cuvillier-Verlag, Göttingen 2006.

Langermann, Katrin: Experimentieren mit allen Sinnen? Und mit allen Kindern! In: Das Band. Zeitschrift des Bundesverbandes für Körper und Mehrfachbehinderte e. V., 5/2006, S. 18–20.

Lück, Gisela: Handbuch der naturwissenschaftlichen Bildung. Theorie und Praxis für die Arbeit in Kindertageseinrichtungen. Herder, Freiburg 2009.

Lück, Gisela: Was blubbert da im Wasserglas? Kinder entdecken Naturphänomene. Herder, Freiburg 2006.

Novak, Joseph, D.: Concept Mapping: A useful tool for Science Education. In: Journal of research in science teaching. 27. Jg., Nr. 10, 1990, S. 937–949

Piaget, Jean: Gesammelte Werke. Studienausgabe in 10 Bänden. Klett-Cotta, Stuttgart 2002.

Schiefele, Ulrich; Schreyer, Inge: Intrinsische Lernmotivation und Lernen. Ein Überblick zu Ergebnissen der Forschung. In: Zeitschrift für Pädagogische Psychologie. 8 (1994) 1, S. 1–13.